講談社選書メチエ

679

近代日本の中国観

石橋湛山・内藤湖南から谷川道雄まで

岡本隆司

MÉTIER

はじめに

袋小路の日中関係

日中関係が好転のきざしを示しているらしい。二〇一七年一一月に安倍晋三総理と会談した中国の習近平国家主席が、めずらしく笑顔をみせたというので、話題になった。菅義偉官房長官も評価したように、以前からようやく変化しつつあるのは、確かな動きなのだろう。

しかし首脳の表情や要人の発言、あるいは会談の実施など、ごく表面的なことを除けば、事態はさして変わったとも思えない。もはや報道にもならなくなったほど常態化した、尖閣諸島海域の中国公船の活動は、その最たるものだろう。

日本政府が尖閣諸島を国有化したのは、二〇一二年の九月。以来、日中関係は悪化の一途をたどった。はや五年以上、今日に至っている。少なくとも尖閣に関するかぎり、袋小路のまま、いまなお関係修復の手だては立っていない。

世紀の失策だったという向きもある尖閣国有化。あえてそれにふみきった当時の日本政府には、もちろん言い分がある。たとえばその二年前の二〇一〇年九月、尖閣沖でおこった漁船衝突事件など、中国側の挑発行為がつづき、相応の対処を求められていたし、対抗しようとはやる一部の日本人の軽挙妄動を抑える必要もあった。

当時の東京都知事・石原慎太郎が同じ二〇一二年四月中旬、尖閣諸島の一部を都が買い取る意向を表明し、資金の寄付を募っていた。こうした石原都知事の言動に、国内の多数が肯定的だったことも、国有化を急がせる大きな動機だったかもしれない。

ともあれ不測の事態を未然にふせぎ、情勢の安定化をはかろうとしたのが、日本政府の主観的なねらいであった。またそれはある程度、中国側からも一定の理解が得られる、とも見こんでいたことだろう。

しかしながら案に相違して、そうはすすまなかった。筆者にはそのあたりをくわしく分析、論評する知識も資格も持たない。ただ日本政府の真意が中国側に伝わっていないことだけは、確かにわかる事実である。

相互理解はあるか

日本の側にまったく非がなかったとはいわない。配慮の及ばなかったことは多々ある。中国に対する説明、説得が不十分なまま、国内的な手続をすすめてしまったのはまちがいあるまい。それは少なからぬ日本人も悔いているところだろう。

だからといって、反撥する中国側の姿勢に問題がないわけではない。日本人からみれば、ことの発端を作ったのは、中国の側にある。また、いかに日本の尖閣国有化が気に入らないからといって、力づくの、かつ口汚い自己主張をくりかえし、いたずらに危機を醸成したのも、常軌を逸した姿にしかみえなかった。

ひところ中国内でくりかえされた、暴動まがいの「反日」デモは、さすがに今は鳴りを潜めている。しかし日本側の事情をかえりみず、その説明に何ら耳を貸そうとしないのはあいかわらず、一方的に自らの論理で譲歩を迫るばかり。漁船・公船・軍艦を周辺海域に繰り出し、日本の領海を侵犯しつづけ、一触即発の危機的な情況をつくり出した。事態の改善をはかる意思があるやも疑わしい。

中国に関係のある、あるいは関心を寄せる人々は、多かれ少なかれ、みな心を痛めている。あるいは、いかに中国に好意をもち、理解しようとする人も、口にしないにせよ、多かれ少なかれ顰蹙《ひんしゅく》・憤《ふん》懣《まん》を禁じ得ないのではなかろうか。かくいう筆者も、そのひとりに数えてもらってかまわない。日本人一般が「嫌中」になったのも、故なきことではないのである。

しかし情緒・感情に流されて、認識の眼を曇らせてはならない。劇的な姿勢・態度の変化は望めなくとも、相手に対する理解増進は、はかってゆく必要がある。それが最終的には、政府当局をも動かすようになることを期待するほかあるまい。双方に求められるのは、目前の思わしくない情況を相互理解の機会に転換させてゆく意欲である。

中国を認識する

日中を比較すれば、中国人の日本理解が圧倒的に乏しいだろう。しばしばいわれるように、日本人の発信が足らないのも、その一因かもしれない。けれどもその発信が正しく到達するかどうかは、受け手の教育・学問のありようや情報の自由度、ひいては国家体制のいかんに関わる。それは究極的には、中国人の問題として、お任せするほかあるまい。

耳目を塞いで知ろうとしない者には、いくら説いても伝達・説得は難しい。逆効果でさえありうる。日本の事情を知る意欲を持とうとしない、そんな姿勢もふくめた中国のありようを、日本人自身がいかに知り、日中関係の難しさをどのように解きほぐすか。われわれにできるのは、そうしたことを考察し、表明してゆくくらいしかない。それだけでも、途方もなく大きな課題ではある。

なぜ中国はあんな言動をするのか。当事者であれ誰であれ、それを理解しなくては、話ははじまらない。政治問題ばかりではない。中国経済はもはや日常生活と不可分のつながりにあるし、おびただしい日本人が中国を行き来し、そこで暮らしている。いまほど、日本人ひとり一人が中国を知らなくてはならない時代はない。

それならわれわれの中国理解も、劣らず寒心すべき現状だといわねばならない。中国の官民が発するメッセージを、すみずみまで目配りをしてわかろうとする者は、日本人の中にはたして、どれだけいるだろうか。

いわゆるメッセージとは、中国政府の認識・目的・戦略、あるいは民衆の不満・願望の内実ということにとどまらない。中国人自身も一概には気づいていない、観念・行為の深層にまで立ち入った事象をも包括する。どうせ考えるなら、そこまで問わなくては、意味があるまい。

たとえば、尖閣諸島を自らの領土と主張し、日本にまったく譲ろうとしない中国の政府・人士の言説・論理、以前にデモで高まりをみせた「反日」の態度・行動。すこぶる特殊な事例ではあるものの、そのありようは実に日中関係、ひいてはそれを規定する中国の対外的な姿勢全体を象徴しているといってもよい。

過去のまなざし、現在のまなざし

筆者はもとより、そのすべてを解き明かす力量などもたない。目前の日中関係を論評する立場にもなければ、今後の改善に向けた提言をする資格もない。それについては、巷間におびただしい関連本が並んでおり、また刻一刻リアルタイムですぐれた意見が少なからず公になってきた。今後も陸続と出てくるであろう。

しかしながら歴史を少しく齧《かじ》ってきた者として、そうした議論とはやや異なる立場と視角から、なお論ずべきことがあるとも感じる。それを示しておくことも、あながち無意味な作業ではあるまい。

日中関係はかつて、「友好」をまるでお題目のようにとなえていた。現在の情況からすれば、うたた今昔の感にたえないものの、それは実にほんの数十年前のことであり、筆者も鮮明な記憶がある。

逆にいえば、そうならざるをえないほど、過去の日中関係は嶮しいものだった。いわゆる「反日」の現象にしても、おびただしかった。決して今にはじまったことではない。

だとすれば、両国がたどってきた困難な歴史のなかに、今も参照に足る事象があるのではないか、それをみることで、不可解な姿勢をとる中国側の内実に、いささかなりとも光をあてることができるのではないか。ひいては、いま現在の中国理解をいっそう深めることができるのではないか。

本書のめざすところは、困難な日中関係に苦悩し、中国をみつめつづけた先人のまなざしをふりかえりながら、そうした可能性をさぐってみるにある。兼ねて、われわれ自らのまなざしをみなおす機会になれば、これに過ぐる幸いはない。

そのため本書では、なるべく先人のことばに耳を傾けることにした。その著述をつぶさに引用紹介する構成をとっている。

「支那」という表記も、引用および文献の題名、および「支那通」など歴史的な用語については、典拠を忠実に示すという原則に従って、そのままにした。引用の傍点はすべて筆者によるもので、典拠は文中でごく簡略に示し、くわしい書誌は、巻末の「文献案内」にまとめてある。

目次

第一章

石橋湛山——小日本主義と中国社会

石橋湛山

1　「一切を棄つるの覚悟」

石橋湛山と中国問題

嶮しい日中関係に直面、苦悩した先人として、第一にあげるべきは石橋湛山《たんざん》（一八八四〜一九七三）。戦前は「戦う」「自由主義者《リベラリスト》」、「反骨の言論人」として、また戦後には宰相にまでのぼりつめたことで、つとに高名である。その経歴はあらためて、くだくだしく紹介するまでもあるまい。

何といっても重要なのは、大正から昭和初期にかけての言論活動だろう。『東洋経済新報』という経済誌の主幹だったから、その立場もあって、経済に議論の重点がある。エコノミストとして、金解禁に関する論陣を張り、それがかれの地位を確立させたことは、あまりにも著名、知らない人はいるまい。

しかしそれだけではない。当時の日本に一貫した大問題は、中国にどう対処するのか、ということである。辛亥革命、第一次世界大戦、五四運動、ワシントン会議、五・三〇事件、国民革命、満洲事変。この時期、日中関係を悪化に導く重大事件が継起したのであり、石橋の所説も、自ずと中国にふれるものが多くなった。

そこでかれは先んじて真面目《しんめんもく》をあらわし、破滅へ向かう日本の将来を適確に予言した。そのため日中「友好の井戸を掘った」とも称せられる。なかんづく一九二一年七月から八月にかけて連載した「一切を棄つるの覚悟」と「大日本主義の幻想」という論説は、その典型であり白眉である。

後者の劈頭《へきとう》に配するセンテンスが、文章の命題と自身の主張を鮮烈に示す。

朝鮮台湾樺太も棄てる覚悟をしろ、支那や、シベリヤに対する干渉は、勿論やめろ。(『石橋湛山評論集』)

この文章が言論人としての石橋の名を、不朽ならしめたといっても過言ではない。それがまた中国との関係と日本の進路をめぐっても、不朽の言説をなしているといって、やはり過言ではあるまい。そこでまず、その意見をやや具体的にみていこう。

要点は第一次大戦中から露骨になりつつあった、日本の対外膨脹政策の批判にある。かれはこうした「日本本土以外に、領土若《も》しくは勢力範囲を拡張せんとする政策」を「大日本主義」とよび、それが日本のためになるという見方は、「幻想」だと非難した。これを「小日本主義」という。

「小日本主義」

石橋は大戦を奇貨として、青島占領や二十一ヵ条要求など、中国への「干渉」を強めた日本の行為に反撥し、中国から手を引け、とうったえた。そればかりではない。大戦以前に日清・日露の戦勝で獲た、台湾も樺太も朝鮮もすすんで放棄せよ、ともいう。日本人が血で購《あがな》った地を棄てろ、と告げるのである。まさに「一切を棄つるの覚悟」であり、そこにはやはりそう「覚悟」するだけの、確乎たる知見と信念があった。

この言説で特徴的なのは、いっさいの空理空論がないことである。何か一定の教条や道徳、ましてや感情で議論をすすめているのではない。論拠は徹底して利害、損得である。目先の「領土若くは勢力範囲を拡張」しようというのは、さもしい「小欲」にすぎない。日本にとって不利なだけであって、無欲にさえ見える「一切を棄つる」ほうが、かえって日本の利益になる「大欲」なのだ、と説く。

その説得力を高めているのは、具体的な数値の提示である。大正九年（一九二〇）の貿易統計によれば、日本の海外領土・租借地の貿易を合わせて九億一千五百万円、ところが同じ年、アメリカ合衆国と十四億三千八百万円、英領インドとは五億八千七百万円、イギリス本国とも三億三千万円の貿易があった。つまり日本の貿易全体、ひいては経済を成り立たせているのは、海外の植民地よりも英米、とくにアメリカとの関係だったのである。

そこから、海外に領土をもっていることが、経済面のみならず、日本にとってほとんど利益にならない、かえって危機をもたらす、という情況判断を導き出す。数値をあげている問題でいえば、人口・移民のそれがある。

日本内地の人口は六千万なのに対し、海外領土に住む日本人は八十万で、微々たる割合である。これでは、全く人口問題の解決には寄与しない。のみならず、こうした海外移民は、経済的にも誤っていた。人間を多数、海外に送っても、母国にとって大きな儲けにはならない。多くは労働者となって、その「所得なるものは知れたもの」、本人が「辛うじて食って行く」だけだからである。英領インドのように、「労働者は先方の者を使い、資本と技術と企業脳力とだけを持って」行けばよい。

そのように貿易でも人口でも、さして母国の役に立っていない海外領土に執着してやまない。あまつさえ「支那又はシベリヤを我縄張りとしようとする野心」をもつから、かえって外国の猜疑を招き、戦争の危険が生じて、国防の必要が重大になる。

こうして石橋は、海外に住む「八十万人の者の為めに、六千万人の者の幸福を忘れないが肝要である」と述べ、領土を日本本土のみに限れば「戦争は絶対に起らない、従って我国が他国から侵さるると云うことも決してない」と断じたのである。

「大日本」とは日本が自ら不利を求める論理・行動なのであり、海外に領土をもたない「小日本」のほうが、経済ばかりか、軍事的にも、国際政治の面でも有利なはずである。日本人の発想を逆転させねばならない。そんな叫びが聞こえてきそうである。

「大日本主義」という史実経過

「大日本主義の幻想」のしめくくり。領土ではなく資本を重視せよ、と言う。

資本は牡丹餅《ぼたもち》で、土地は重箱だ。入れる牡丹餅が無くて、重箱だけを集むるは愚であろう。牡丹餅さえ沢山に出来れば、重箱は、隣家から、喜んで貸して呉れよう。而して其資本を豊富にするの道は、唯だ平和主義に依り、国民の全力を学問技術の研究と産業の進歩とに注ぐにある。兵営の代りに学校を建て、軍艦の代りに工場を設《つ》くるにある。(『評論集』)

戦後の日本はこのとおりにやって、経済大国になった。しかし日本人が自ら発想・行動を変えて、すすんでそうしたわけではない。石橋の提言に背きつづけて、破局にいたった。近隣諸国に甚大な損害をあたえ、自らもズタズタになったあげく、ほかに道もなくなって、やむをえず石橋の言うとおりにしただけのことである。

そこでいつ、日本人がまたぞろ「大日本主義」にたちもどらないか、侵略主義・軍国主義を復活させないか、と内外から警戒の声があがり、今もやまないのは、是非もない次第なのかもしれない。石橋の「小日本主義」が高い評価をうけ、くりかえしとりあげられてきたのは、そんな背景がある。

もっとも、かれの言説が説得的であればあるほど、素朴な疑問を禁じ得ない。なぜそれが当時、受け容れられなかったのか、という問いである。

上に述べたところをみるかぎり、石橋は損得で語っている。これが一定の思想・信条にのっとった議論であれば、主義・立場の違いから同意できない向きがあっても、やむをえまい。しかし具体的な数字もあがって、「大日本主義」のほうが損なのは明白、いかなる立場でも納得するに難くはないだろう。

石橋じしんも回想して、当時は「一平和主義者の空論」でしかなかったと認めている（『湛山回想』）。それはほかならぬ社会・輿論から浮き上がって孤立していた証で、大方は納得するのを拒んだものだった。

石橋の洞察力を称え、日本人の愚かさを非難し、警戒するのもよい。将来にとって無意味だとはいわない。しかしそれだけで、十分であろうか。石橋の言説・思考とそれをめぐる情況をもっと分析する必要はないのか。明快で先見性に富んでいたはずの言説が、なぜ当時の社会から顧慮されなかったのか。その要因をこそ、われわれは考えなくてはならないのではなかろうか。真に将来の進路を過たず、有害無益な「大日本主義」の復活を戒め、阻むには、そのことが先になされなくてはならない。

「小日本主義」の源流

まず指摘できるのは、「小日本主義」は石橋のオリジナルな主張ではない、ということである。『東洋経済新報』の論調を一新した片山潜や石橋を引き立てた三浦銕太郎《てったろう》らが言い出したものだった。

これはそもそも「小英国主義《リトル・イングランディズム》」のアナロジーから出発している。世界に冠たる大英帝国も、対外膨張主義一色だったわけではない。その興起にさいしては、対外侵略・植民地獲得をなるべく控えよ、と主張する「小英国主義」の政治勢力が存在し、健全な批判をおこなっていた。それに対し、目前の勃興期の日本はどうか。あたかもそれは「挙国一致の帝国主義」であって、成功してきた国策に朝野こぞって酔いしれるばかり、それに対する批判・チェックはほとんど存在しなかった。このような国内の政治と輿論に一石を投じ、これを矯めるのが三浦たちの動機であって、それをひきついだ石橋のスタンスでもあった。

極端にいえば、まず「小日本主義」ありき、なのである。石橋は第一次大戦参戦時、大陸に「領土を拡張すべからず」、満洲も「放棄すべし」とは「吾輩の宿論なり」と明記しており（「青島は断じて領有すべからず」『評論集』）、その含意をとりやすい。もちろん国際政治上に不利だという評価を合わせ示すけれども、そこは当時の情勢からして、意見の分かれるところだろう。

さらに、

吾輩は我が政府当局ならびに国民の外交に処する態度行動を見て憂慮に堪えないものがある。その一は、露骨なる領土侵略政策の敢行、その二は、軽薄なる挙国一致論である。この二者は、世界を挙げて我が敵となすものであって、その結果は、帝国百年の禍根をのこすものといわねばならぬ。（「禍根をのこす外交政策」『評論集』）

という。かれらが反対してきた日本の「露骨なる領土侵略」を「軽薄なる挙国一致」が支える現状を「憂慮」するものであり、異を唱える標的はあくまで、政策と輿論とが相乗効果的にたがいを高め合い、歯止めを効かなくしている国内事情にあった。

換言すれば、海外貿易への着眼が先にあって、統計を調べ、経済的な現実をみつめ、利害の分析にもとづいて帰納的に「小日本主義」を構築した結果、「大日本主義の幻想」「一切を棄つるの覚悟」が生まれてきたわけではない、ということである。

その中国観

もとより移民・貿易・経済に着眼して、既成既存の「小日本主義」を説得力ある、不朽の言説に高めたのは、一にかかって石橋の力である。それを否定するつもりも、貶めるつもりもない。

しかしながら、「小日本主義」における経済上の利害というのは、多分にあとから合わせた理屈である。石橋の議論を十把一絡げに「経済的リアリズム」と称し、手放しで評価する向きがあるが、にわかに従うわけにはいかない。

石橋じしん、同じ第一次大戦の時期、「我等は曖昧の道徳家であってはならぬ、徹底した功利主義者でなければならぬ」ともとなえていた（「先ず功利主義者たれ」『石橋湛山全集』1）。日本人の対外的な態度の転換をよびかけた一節だが、これもむしろ自己分析・自己批評として読んだほうがよい。

既存の「小日本主義」を「徹底した功利主義」にあらためなくては、客観的な説得力が生まれない。そうした自覚があったからこそ、いっそう持論を鍛え磨き上げて、「大日本主義の幻想」「一切を棄つるの覚悟」の論理に成長させたとはいえないだろうか。逆にいえば、「小日本主義」の本質はむしろ主観的・「道徳」的であって、社会に受け容れられなかった契機も、そこにひそんでいるのではないか。

領土・軍備の拡張を「時代遅れ」で、国際的理念に違っている、とみなす思想が「小日本主義」の前提・根柢にある。それはあくまで政治上の立場・信条であって、経済利害に徹した分析結果ではない。「大日本主義」の向こうを張ったアンチテーゼではあっても、それを無用にしてしまうジンテーゼではなかったし、またそうはなりきれなかった。

だとすれば、そんな「小日本主義」が直接の論争の対象とした中国を、石橋はどのように見ていたのか。その中国観は時代の推移とともに、いかに変化していったのか。中国の現実とどう関わっていたのか。かれが日本の輿論から孤立した理由をさぐるには、そこをあらためて考えなくてはならない。

2　中国観の深層

「我国民の認識不足」

大正十年、ワシントン会議に臨んで「大日本主義」を「幻想」だと断じ、日本人に「一切を棄つるの覚悟」を説いた石橋湛山。かれは以後も、その主張をやめることはなかった。日本人がかれの説くところとはまったく逆の方向へ進んでしまったから、やめようがなかった、というべきだろうか。

以下はその十年後の一九三一年、満洲事変直後に出た『東洋経済新報』所載の「社説」、「満蒙に於ける我特殊権益」を「放棄」することこそ、「問題解決の根本方針」だとうったえた文章の一節である。

我国民の支那に対するや、彼を知らず、我をも識らず、唯だ妄動しているのである。それでは支那と戦うにしても、和するにしても旨く行きよう筈がない。(「満蒙問題解決の根本方針如何」『評論集』)

日本人にとって、ずいぶん厳しい論断である。では、石橋は中国の何を「知らず」というのだろうか。また本人は何を知っていたというのか。かれよりも中国を知るものは、日本にいなかったのか。

石橋が「我国民の認識不足」といった対象は、今のわれわれからすれば、知るに難くない。いわゆる中国ナショナリズムである。「彼を知らず」とは、それに対する「認識」を欠いていた、というのとほぼひとしい。

その言い回しを借りていえば、「支那国民は今や全力を挙げて、其国民統一をはからんと努めている」のであり、それを当時の日本人がわからないのが問題だった。しかも、「排外」「排日」に傾く「支那の国民統一運動」は、あたかもかつての尊皇攘夷と同じく、「全く明治維新以来の我国の真似をしているに過ぎぬ」から、日本人は中国「を知ら」ないばかりか、自国「をも識ら」ない、という結論になるわけである。

同一視

このうち、中国の「国民統一」を明治維新と同質に解しているところ、注目に値する。これは別にこのとき始まった所説ではない。「小日本主義」が始まって以来の論点だし、石橋も論壇に出た当初からとなえていたことである。

> 支那が確乎不動の統一を見る迄には、実に前途遼遠だと思う。蓋《けだ》し我が維新当時を回想すれば直ちに了解が出来る。(「支那の動乱と我が維新」『全集』2)

といったのは一九一六年。日本もかつて実現した「国家」「国民」の「統一」を、中国はおこないつつある、にもかかわらず、大方の日本人はそれがわからない、というのが、かれの十五年以上、一貫した批判だった。

つまり、石橋ははじめから「国民統一」という点で、日本と中国を同一視していたのである。そこをさらにつきつめてみよう。

かれは一九一五年六月、二十一ヵ条要求を難じて、「独立国たる支那としては許し難き要求」と評した（「日支新条約の価値如何」『全集』1）。またさらに先んじては、

吾輩は寧《むし》ろ此の際青島も還したい、満洲も還したい、旅順も還したい、其の他一切の利権を挙げて還したい、而して同時に世界の列国に向っても、我が国と同様の態度に出でしめたい、而して支那をして自分の事は自分で一切処理するようにせしめたい。（「干渉好きな国民」『全集』2）

とも述べている。「一切の利権を挙げて還したい」というのは、まさに「小日本主義」の表明にほかならない。

中国を「独立国」と位置づけ、「自分の事は自分で一切処理」させる、というのは、現在は何ら奇異にみえない、むしろあたりまえの所論だろう。しかし当時は決して、そうではない。中国は西洋列強や日本と同等の「文明国」ではない、とみなすのが社会通念であった。日本人一般の中国蔑視が瀰《び》漫《まん》していたのも、そのためである。

そのなかにあって、石橋はあえて中国を日本と同一視した。その見方が「大日本主義」を非とし、植民地・利権の「放棄」を求める「小日本主義」の、いわば根柢にある。大多数の輿論とは真っ向か

ら対立するのも、またまぬかれなかった。

矛盾

そのため戦後、日本人に「支那の国民統一運動」を直視すべきことを説いた石橋の論調は、高い評価を受けてきた。中国のいわゆる愛国主義・民族主義、「排日」「抗日」に敗れた後になってみれば、それはまちがいなく慧眼だと評するほかないからである。石橋の所論を実践していたなら、「排日」運動の緩和、あるいは「満蒙問題」の「根本」的な「解決」にもつながったかもしれない。実際はそうならなかったので、「我国民の認識不足」、中国を「知らず」、という石橋の歎きが正しいとみられるのである。

では、日本人を「知らず」と批判する石橋が、中国を日本と同様に考えた論拠とはいったい何か。じつはそこに問題がある。

かれも一般日本人の通念と同じく、中国が日本と同じ「文明国」だと認められないと判断していた。

> 支那国民が旧清国を倒して以来十六年余の歴史は、公正に考えて、何処にか支那を世界の文明国と認めしむる力があったか。外国人に安んじて支那の裁判、支那の税制、支那の警察に其生命財産を託し得ると認めしむる証兆があったか。（「支那は先ず其実力を養うべし」『全集』6）

これは満洲事変の三年前、一九二八年に南京国民政府が北伐を達成したさいの文章である。「支那の国民統一運動」、中国の民族主義がもっとも昂揚した時期でもあり、国民政府はその波に乗じて、外国列強に不平等条約・在華権益の破棄を求めた。

いかに論鋒鋭く日本の中国「干渉」を非難していた石橋でも、こうした国民政府の言動は、さすがにゆきすぎだとみざるをえなかった。なぜ不平等条約を結ばされるのかといえば、外国人が中国に「安んじて」「生命財産を託し得」ないからである。「立派なる政治」がおこなわれ、「世界の文明国」と同等の治安維持の能力があったなら、列強も不平等条約を「強いること」はできなかったし、中国も「立派な独立国」になっていなければならなかった。自分にそうした「実力」がないのに、相手にだけ不平等条約の破棄を要求するのは、「軽浮」きわまる「駄々ッ子」にひとしい。

こう断じる以上、石橋にとっても、中国は日本と同じ「文明国」「独立国」ではありえない。日本はいわゆる「実力」を身につけてから、不平等条約を撤廃したはずである。これは矛盾といえないであろうか。

矛盾を覆うもの

では、国民政府発足当時のこうした中国の情況は、数年を経た満洲事変のさいにかわったかといえば、そうではない。以下は満洲事変から数ヵ月後の「社説」。

残念ながら支那人には果して自国を統治する能力あるやが疑われないでもない。彼等は絶えず無意味な内乱を繰返している。そして自ら国内の治安を乱しているのである。而かも彼等は此事を反省せず、屢々《しばしば》四隣に対して駄々ッ児の如く振舞い、其感情を損し乃至《ないし》迷惑を及ぼすことを憚らぬ。昨年九月の事変突発前、既に久しく日支の衝突を免れぬ険悪の空気を満洲にみなぎらしていたと云うが如き、罪は勿論日本側にも無いと云えぬが、殊に支那としては誠に身の程知らぬたわけた事だったと評さねばならぬ。若《も》し支那人にして斯くの如く、自力を以ては容易に自国の治安を齎《もたら》す見込みなく、四隣も甚だ迷惑するとせば、已《や》むを得ず他国が、其支那人に欠くる所を補いて、速《すみやか》に支那を平和な国土とすることに助力するも、決して余計のおせっかいとは云い難い。寧ろ、今日の緊密なる国際関係に於ては当然の処置だと許せるものである。(「支那に対する正しき認識と政策」『全集』8)

まったく当時の通念、中国「干渉」を正当化する論理にひとしい。それでも客観的な現状として、石橋も承認せざるをえないものだった。あるいは、一般の読者をひきつけるためのレトリックとも読めなくはない。けれどもかれ自身、決してこの「実状」と論理を真っ向から否定し去ってはいないのである。

こうしてみると、石橋は中国を「独立国」だと措定しながら「自国を統治する能力」がない、とみなし、日本の「真似をしている」といいながら「文明国と同等の」実力を養おうとしない、と断じたことになる。中国の位置づけに関するかぎり、やはりその議論は自家撞着をきたしている、といっても過言ではあるまい。

かろうじて、自説の一貫性を保っているのは、「小日本主義」の領域的な側面である。つまり「満蒙乃至支那全土」はあくまで「支那人の住地」であって、いかに日本がそこに勢力を扶植、拡張しようとも、けっきょくは失敗に終わるので、それなら手を引くのは早ければ早いほどよい、と説く部分は、第一次大戦時から変わっていない。

上の引用と同じ社説には、「満洲国」建国を難じて、そこが「日本人の住地になる」などと心得違いをしては、「犠牲のみ徒《いたずら》に大に」なるばかり、

所謂理想国家とは何《ど》んなものか知らないが、日本の国内にさえも実現出来ぬ理想を、支那人の住地たる満蒙に何うして之を求め得ようか。

と説く。日中戦争の敗北を経た今日からみれば、これで十分に説得的だが、当時は果たして、どうだったであろうか。しかも、そうした利権「放棄」の論拠をなす中国観じたいに矛盾をはらんでいては、いよいよその説得力は減退せざるをえない。

「青年支那」

それなら、石橋はなぜ中国と日本の同等性を認めつづけたのか。先輩から「小日本主義」を受け継いだ、というばかりではあるまい。かれ自身の「小日本主義」も発展、変化しているからである。だから正確に答えるのは、材料が少なくて難しい。

しかし手がかりはある。たとえば、満洲事変直後「問題解決の根本方針」をとなえる「社説」で使った「青年支那人」というタームである。かれはおよそ十年前の一九二〇年、つとに中国の「排日」は「青年支那の新統一運動の一部に外ならぬ」と述べていた（「日米衝突の危険」『全集』3）。

この「青年支那 Young China」とは、海外留学経験のある青年を中心とした改革勢力のことであって、一口にいえば、ケマル・アタテュルクを生んだ「青年トルコ」のアナロジー、広くいえば、西洋の比較政治史的な発想による概念にほかならない。Young China という言い回しは、すでに辛亥革命直後の一九一三年、イギリスの外交官が使っていることが確認できる。

日本では、吉野作造が北一輝の所論を受けて、一九一六年三月に『中央公論』誌上でとりあげた概念だった。中国の「旧来の弊習に反抗し」、「旧思想」を打倒すべき新勢力として「青年支那」を定義づけ、高く評価していた（「対支外交根本策の決定に関する日本政客の昏迷」）。

その吉野は一九一九年、北京でおこった五四運動のさい、学生運動が中国を「官僚軍閥の手より解放」しようとつとめたとみて、「官僚軍閥の手」から日本の解放をめざす「吾人とその志向目標を同じうする」と論じた。自分たちと「同じ運動の成功をも切に祈る」とさえいっている（「北京学生団の行動を漫罵する勿れ」）。「民本主義」もしくは大正デモクラシーの根幹とどうやら表裏一体をなすこうした認識に、日本と中国の同一視の根源があるといってよい。

石橋も「青年支那」なる概念を援用したからには、吉野の認識に与《くみ》したわけである。だとすれば、以下のような口吻が出てきても無理はない。

記者は、支那国民に同情を有する点に於ては、恐らく世界の何人にも譲らない。其数々の所謂排日毎日の運動の如きも、支那の立場からすれば、已《や》むを得ぬ、或は無理もないかどの少なくないことを認め、之に対して一概に我国民の憤慨するを警《いまし》めたることも屢々である。(「支那に対する正しき認識と政策」『全集』8)

中国の「国民統一」「排日」に対する理解・共鳴は、けっきょく日本との同一視にもとづく「同情」によっていた。前節にかれらの「小日本主義」は主観的・「道徳」的だと述べたが、それと同じく、その根柢にある中国観も、むしろ「同情」から成り立っていたのである。これでは「実状」との矛盾もまぬかれまい。

「同情」と「感情」

たとえば、かれが直視せよ、と日本人に迫る中国人の「行動」を解説していう。

而して支那国民が、日本の満蒙に対する政治的進出を、如何なる形に於ても肯《がえ》んぜず、頻《しき》りに排日行動に出づるに対して、我国人は過去の歴史や条約や或は支那に対する日本の功績やらを理由として、彼等を非難し、其不道理を説くけれども、そんな抗議は畢竟するに、此問題の解決には無益である。彼国人が、彼等の領土と信ずる満蒙に、日本の主権の拡張を嫌うのは理屈でなくして、感情である。(「満蒙問題解決の根本方針如何」『評論集』)

いわゆる「感情」とは、後文に日本人が日本に対して抱く「愛国心」と同じだと説明がある。やはり日本との同一視にほかならない。上述のとおり、その論理は矛盾をきたしているので、「感情」の説明も矛盾をはらんだままになってしまう。

石橋の表現を借りれば、その「感情」とは「駄々ッ子」のそれであるから、石橋じしん、「駄々ッ子」の「感情」に「同情」しているにすぎない。当時の日本人なら、このようにみても無理はなかったし、事実そうみていた人は少なくなかったであろう。「排日」で現実に被害をうけたなら、なおさらである。

石橋は自説に説得力をもたせるなら、こうした中国人の「感情」が由って来るゆえんをくわしく分析し、その正当性を一般の人々にも納得できるよう、説かなくてはならなかった。しかしそうした論述は、ついにみあたらない。かれは日本人を「知らず」「認識不足」と批判するばかりだった。

そう考えて石橋の言説を読みなおしてみれば、当時の中国を内からえぐって明らかにしようという姿勢はみえない。中国問題の現象を指摘しても、その内部構造にまで洞察が及んでいるようには思えないのである。

たとえばかれは、中国が日本より早くに開国したからには、日本より早く「立派な独立国」になっていなければならなかったはずだ、という。しかしそうならなかったのは、中国人「自身の怠慢」に起因する、と評し、日中等質の人間・社会に勤惰のちがいがあった、としかみていない。中国社会それ自体の性質をつきつめて考える、日本社会と対比するという観点はなかった。

むしろそうした側面を捨象、軽視したからこそ、思い切った「小日本主義」をとなえることができた、というべきだろうか。時事評論だから、ある種の捨象は当然とはいえ、これだけ日本人の利害に関わり、注目を集め、なおかつ旗幟《きし》が鮮明な持論を主張するのに、いささか裏づけが乏しい観は否めない。

二十一ヵ条要求に煮え切らない態度をとった吉野とのちがいも、そのあたりにみることができよう。吉野はまがりなりにも長期の中国滞在があり、つぶさに中国人も知り、中国社会を実見していた。それが吉野の所論を含みの多いものにしており、同じ立場・観点にたちながら、石橋とは対蹠《たいせき》的である。

「支那通」との関係

もっともこれは、中国論に限ったことではない。経済論でも情勢の分析や診断に乏しく、結論だけを述べている、というのが石橋の言説の特徴である。具体的で歯切れのよい政策提言の前提をなす情勢分析の内実は、なお再検討の余地があるのではなかろうか。

ともあれ中国論において、石橋の言説が影響力をもちえなかったのは、立論そのものに課題があったといえよう。それでも、かれは読者を説得しようとしなかったわけではない。きわだっているのが、自説への反対論を提示し、これを駁して自らの正当性を立証する論法であり、大正十年の「大日本主義の幻想」でも活用している。

それでは、昭和に入っての論説ではどうか。反対論としてあげつらったのは、「支那通」とよばれる人々の議論である。「支那通」とはさしあたり、中国専門家とでもいうくらいのニュアンスで理解してもらえばよい。石橋はかれらの所説・主張を、

一体日支関係を今日の如く悪化したのは、日本の政治家たちが、支那人の性質を日本人並みに解釈し、紳士待遇をしたからである、彼等は生来忘恩不信の民であり、条約無視の如きは平気である、故に彼等に対しては国際道義は通用せず、唯だ力を以て圧迫する外はない……（「満蒙問題解決の根本方針如何」『評論集』）

とまとめたうえで、「誤認」だと批判、反駁する形で、自説を展開した。たしかに日本との同一視という趣旨において、両者は正反対である。

当時の歴史に即していえば、この「支那通」の言説が石橋よりも説得力があって、輿論を指導、代表していた、ということになる。石橋は中国に対する内在的な考察を欠き、論理矛盾をかかえたために説得力をもたなかった。けれども、中国に「同情」したことで破局をいいあて、のちに高く評価される。

それに対し、専門家として中国をみつめた「支那通」は、日本との乖離を強調し、中国に「同情」を寄せなかった。当時はそれが日本の破滅という結果に導いたわけである。矛盾ある言説に先見性があり、専門の分析が国運を誤る。この二重の逆説は、しかし厳然たる事実である。どう解いたらよいのだろうか。

かつて「日中友好」の名のもと、日本人が中国ナショナリズムを批判することには、一種のタブーがあった。石橋湛山と「小日本主義」への高い評価は、じつはそのタブーと無関係ではない。

近年の中国、およびそれをめぐる情況の変化は、ようやく中国ナショナリズムの歴史的な特質・本質を忌憚なく議論できる場を作り出しつつある。それなら、石橋に対する評価基準も見なおさなくてはならない。かれの等身大の中国観を同時代の知識人と比較するのが、その有効な補助線となり、ひいてはわれわれの中国認識の深まりにも資するのではなかろうか。

第二章 矢野仁一
――王道政治と中国社会

矢野仁一（写真提供：朝日新聞社／ユニフォトプレス）

1　石橋湛山との分岐

「支那通」ということばは、現在ではもはや死語であって、よくわからないことばになってしまった。前章でさしあたり「中国専門家」といっておいたけれども、説明としては、まったく意を尽くしていない。

もっとも、使われていた当時に明快な語彙だったのか、といえば、そうでもなさそうである。概括的な語義としては、中国で暮らした経験をもち、中国語に堪能で、中国関係の生業につき、その方面の知見に卓越した人物を指す、といってよい。だが時と場合によって、指す実体はさまざま、職業でいえば、官僚・軍人・経済人・知識人、あるいはいわゆる大陸浪人も含んだだろう。右翼もいれば、左翼もいる。敬称であり、蔑称でもあった。要するに、現代・過去の中国に明るければ、どのような人をも指し示しうる、茫漠とした範疇なのである。

「支那通」ということば

だから、石橋湛山が対峙した「支那通」の中国観をみるにあたっても、いわゆる「支那通」に限定・定義を設けないままの分析は、およそ不可能だし、あまり意味もない。おそらく石橋じしんも、持論に反対する陣営を表現する語として、そんな茫漠とした「支那通」を使うはずはなかった。自分よりも中国に詳しく、いっそう日本人一般に説得力を発揮して輿論を指導する、そのような存在を念頭に置いていたことだろう。

「支那通」とは元来、江戸時代以来の漢学者、あるいはその流れをくむ中国学者を指すことばだった。「鎖国」の日本で、中国に明るい人といえば、学者しかいなかったからである。ところが時代が下るにつれ、中国との関係が深まり、専門家として求められる分野も、学問知識にとどまらなくなった。ことばがカヴァーする範囲も、ひろがって茫漠化したわけである。

だとすれば、石橋のいう「支那通」は、かなり原義に近かったのではなかろうか。かれがジャーナリストだったことに鑑みて、同じ論壇に関わった言論人・知識人を想定すればよく、政界・財界などの実務家を含めるには及ばない。また、いかに論客といっても、論拠の乏しい中国蔑視や日本の権益拡大ばかり言いつのった単純粗雑な主張は、このさい論外である。

大方の「支那通」イメージから逸脱するかもしれない。けれども以下では、中国問題にくわしい専門家だと自他ともにみとめ、なおかつ輿論・政治に少なからぬ影響をあたえた知識人をとりあげてゆこう。

その恰好の存在としては、まず矢野仁一（一八七二～一九七〇）に指を屈する。石橋が論敵と意識した「支那通」は特定できないので、別人のほうがよりふさわしい可能性は否定しえない。しかし該当する人物がわからない以上、議論と認識に徴して考察するほかなく、矢野のそれは、石橋の議論と鮮やかなコントラストをなし、条件を十分に満たしている。かれの言説を詳細に検討することが、石橋の位置を確認してゆくにも効果的だと思う。

事蹟

石橋よりちょうど一回り年長の矢野仁一は、山形県米沢市の出身、一高・東京帝国大学西洋史科を卒業後、一九〇五年、清朝政府より招聘されて進士館教習（教授）、一九〇八年に京師法政学堂教習となった。七年のあいだ北京に暮らし、辛亥革命で清朝が滅亡して失職する。一九一二年に帰国して、京都帝国大学に迎えられ、東洋史の教官に就任、一九三二年に停年を迎えた。その間、中国の対外関係・外交史を研究し、数多くの著述を残している。かれが発表した主要な学術書のタイトルを並べてみるだけで、手がけた研究範囲の広さがわかるだろう。

『近代蒙古史研究』弘文堂書房、一九一七年
『現代支那研究』弘文堂書房、一九二三年
『近代支那史』弘文堂書房、一九二六年
『近代支那の政治及文化』イデア書院、一九二六年
『近代西蔵史研究』国史講習会、東洋史講座第六期、一九二六年
『支那近代外国関係研究──ポルトガルを中心とせる明清外交貿易』弘文堂書房、一九二八年
『近世支那外交史』弘文堂書房、一九三〇年
『日清役後支那外交史』東方文化学院京都研究所、一九三七年
『長崎市史　通交貿易編　東洋諸国部』長崎市、一九三八年
『アヘン戦争と香港──支那外交史とイギリス　一』弘文堂書房、一九三九年

『アロー戦争と円明園――支那外交史とイギリス　二』弘文堂書房、一九三九年
『満洲近代史』弘文堂書房、一九四一年
『清朝末史研究』大和書院、一九四四年

時期は明清時代から戦中の同時代にいたるまで、地域はモンゴル・新疆・チベットからシナ海におよぶ。古今東西を駆けめぐる、といって過言ではない。

ところが矢野はいまや、全くの無名である。京都帝大で同僚だった内藤湖南、あるいは桑原隲蔵《じつぞう》や狩野直喜《かのなおき》の令名と比べても、大なる遜色をまぬかれない。この四人はいずれも、京都いな日本の中国学・東洋史学をつくりあげた人々である。そのなかで、矢野だけがいわば冷遇、忘却されており、それに憤慨する弟子の宮崎市定《いちさだ》（一九〇一～一九九五）が、顕彰につとめてきた。しかしそうしたのは、ほとんどかれ一人だといってよい。その宮崎でさえ、矢野の学統は継がずに、絶学となった。

その理由は履歴をみれば一目瞭然、国策・戦争に積極的に荷担したからである。

かれは歴史学者でありながら、同時代史の研究を主要に手がけたこともあって、京都帝大在職・退官の前後、中国問題にかかわる時論・時評をも、『外交時報』『大阪朝日新聞』などで少なからず公にした。多くは日本の大陸政策を支持するものであり、その限りでは、時の自国政権に対する、ずいぶん辛辣な批判もある。上のリストにはあえてあげていないものの、それに関わる著述もおびただしい。

社会的な活動においても、関東軍臨時嘱託・満洲国外務局嘱託となって、太平洋戦争中は大亜細亜

協会の副会頭に任じる。戦後はこうした戦争協力行為のため、公職追放処分をうけ、倉敷に隠棲した。

中国は「独立国」か

同じく公職追放にあったといっても、マッカーサーの占領政策にたてついた石橋湛山とは、いきさつがよほど異なっていた。二人はしたがって、褒貶も両極端である。それといわば比例して、そもそも中国問題の持論が正反対だった。

満洲事変の前後、石橋はすでに述べたとおり、「満蒙に於ける我特殊権益」を「放棄」することこそ、「問題解決の根本方針」だとうったえ、「満蒙」への「理想国家」建設に反対した。矢野はそれに対し、『満洲における我が特殊権益』（弘文堂書房、一九二八年）、『満洲国歴史』（目黒書店、一九三三年）を著して、「満洲国」の正当化につとめ、その建国の「理想」を実現しようと力をつくす。

もっとも、二人が直接の論争関係にあったわけではない。石橋が矢野のおびただしい論著を読み込んでいたとは思えないし、矢野の著述も一ジャーナリストの所説に反応したものではない。たとえば『満洲国歴史』の著述は、「満洲は本質的《エッセンシアリー》に、且つ常《オールウエース》に支那の領土であ」り、「文化的にも政治的にも社会的にも常に支那の一部であつた」というリットン報告書を否定し、その「最も肝要な点を反駁してゐない」外務省に代わって、日本の立場を述べることが目的であった。かれ自身はむしろ、国家・日本を代表しているつもりだったのである。

しかし二人の所説は、満蒙問題にかぎらず、発表時期も重なるし、論旨も対蹠的というにふさわしい。簡単に図式化すれば、次のようになろうか。

石橋の論理は、日本に「放棄」を求めた「満洲」は、中国人の「住地」なので中国の領土であり、その中国は「独立国」であるから、日本と同等である、というもの。

それに対し、「満洲」は本来、中国の領土ではなく「特殊」な地域であり、たとえ中国人が住んでいても、中国の主権は認められない、その中国は、日本と同様の「独立国」ではない、それどころか、そもそも国ですらない、というのが、矢野の持論だった。

現実に相手取って反駁しあった形跡はなくとも、双方の対立・争点はこれでみてとれよう。当時の政府・輿論がいずれを支持したかも、もはやいうまでもあるまい。ともに遅くとも、一九二〇年代のはじめに成形し、公になっていた議論なのであって、十年もの間、いわば対峙が続いていたわけである。

たとえば、石橋が「一切を棄つるの覚悟」「大日本主義の幻想」を連載した一九二一年、矢野のほうは『大阪朝日新聞』に「支那無国境論」という論文を連載し、明くる年一月の『外交時報』に、「満蒙蔵は支那本来の領土に非る論」を、四月には「支那は国に非る論」を載せた（『近代支那論』）。このように、主だった文章の題目を並べるだけで、かれが何を言いたかったか、その趣旨がわかる。

中国は「真の国境がない」から、「国家でない」。この場合の「国家」とは、西洋近代の国民国家の謂である。中国は元来「世界帝国」であって、国民国家ではなかった。中華民国の成立から十年経過した当時でさえ、なおその体制から脱却できておらず、近代国家になっていない。それが矢野の現状認識である。

それにもとづいて出てきたのが、「満洲」・モンゴル・チベットは中国本来の領土ではない、という主張にほかならない。「満洲」すなわち東三省とモンゴルとチベットは、もともと漢人が住んだこともなければ、支配したこともなく、中華民国の実力の及ばない目前の情況も、以前とかわりがないからである。

なかんづく「満洲」は、さきに事実上、ロシアの手中に帰していた。日本が日露戦争に勝利したことによって、中国がかろうじて領有できているものであって、いよいよ中国固有の領土ではありえない。こう述べたうえで、日本の「特殊権益」を認めよ、との立場を鮮明にしたわけである。この立場がやがて、リットン調査団に対する反駁を書かせることになった。

相反と一致

ここからわかるように、矢野は「大日本主義」が「幻想」であり、「満蒙」を放棄すべし、と唱えた石橋とは、まったく逆の論陣をはっていたことになる。それなら、何もかも石橋と意見を異にし、対立していたのか、といえばそうではない。

共和政の今日において、支那人は法律に依らずして逮捕され、監禁され、刑罰に処せられるといふ筈はなく、また法律違反のものは必ず逮捕され、監禁され、刑罰に処せられなければならぬ筈であるが、其の筈が其の通り行はれない例は幾らでもある。さういふことは共和政の時代において有るべからざることゝして詰問するものもない程である。それ程当り前のことになつてをるやうな有様である。また南方において労働者、学生、暴民、兵隊などが暴力を以て外国人の生命財産に危害を加へるやうな事件が続出しても之を取締ることが出来ず、また取締る意志さへもないやうな有様である。……かういふ有様である以上、果して支那は法治国となることが出来るであらうか。假令法律が備はり、法典が定まるとしても果してそれが実行が出来るか。治外法権を撤廃した後に果して外国人の生命財産の安全が保障せられるであらうか。これが撤廃した後に保障せられるならば、何故撤廃せられざる以前に保障せられぬであらうか。(「支那の帝政時代と共和政治時代」『動かざる支那』)

一九二七年、矢野がおこなった講演の一部である。この場合の「共和政」も、西洋近代の国民国家を意味する。要するに、そんな「共和政」を標榜する中華民国であるにもかかわらず、中国人は法律を守らない、国家の法律は信頼できない、法治は不可能であって、「外国人の生命財産の安全が保障」できない、だから治外法権が不可欠であって、不平等条約の撤廃は、時期尚早だというわけである。

この点、すでに紹介した同時期の石橋の認識とかわらない。むしろ客観的な「実状」を描き出したというべきだろう。当時の中国が「法律を守らず」、「法治を尊重しない」のは、蔣介石『中国之命運』も述べた情況であり、南京国民政府自ら認めていたからである。

中国ナショナリズム・「満洲」などに対する日本の権益については、相反した論旨。法治・条約については、一致する意見。石橋と矢野のこうした異同は、なぜ生じるのか。それはいったい何を意味するのであろうか。

中国ナショナリズムへの態度

矢野は「満蒙」の領土回復を求める中国側の主張を斥け、それと同時に、不平等条約の撤廃に応じず、日本の「特殊権益」を守り拡げることを訴えているのだから、中国ナショナリズムに反対する立場が一貫していて、すこぶるわかりやすい。なればこそ矢野の議論は、戦後今日にいたるまで、まったく評価されてこなかった。

それに対し、石橋のほうはどうか。こちらは一方で、不平等条約の撤廃は時期尚早といって、中国ナショナリズムの主張を否定しながら、他方ではそれに同調して、日本は「特殊権益」を「放棄」せよ、という。すでにみたとおり、それは矛盾した議論であって、その矛盾は「同情」に由来していた。

だとすれば矢野には、中国ナショナリズムに対する「同情」はなかったことになる。それはおそらく正しい。しかしだからといって、矢野に中国への同情・親愛がなかった、といえば誤りである。自ら「その特色ある文化に無限の愛着を感じ」る、と述べており（『清朝末史研究』序言）、さもなくば、あれほどの研究業績をあげることはできなかっただろう。

つまり、二人は同情の対象と方法が異なっていた。石橋が中国ナショナリズムに「同情」を寄せえたのは、それを明治維新という日本の過去と、そして自分たちがめざす「閥族打破」、「官僚主義」打倒の運動と同等・同質である、とみなしたからである。

矢野はそれに対し、中国ナショナリズムを日本の「愛国心」と同一視していない。

支那の真の利益幸福から平静慎重に考ふれば、必ずしも一から十まで日本に反対しなければならぬ筈はないが、支那の今の政府はそんなことを考へる余裕はない。いかなることでも日本に反対しなければ人気を収め人望を博することが出来ず、それが出来なければ忽ち他に乗ぜられて直ちに転覆を免かれないといふ悲しむべき事情がある。今の支那政府の拠つて立つてをる基礎は、支那の国民の真の利益幸福となるべき政治を実現する道徳的精神ではなくして、排日を以て愛国とするところの、かういふはかない人気人望である。つまり今の支那政府の基礎は其の排日的態度であるといつても過言でない。

「排日」とは中国の「真の不利益だから反対する」ものではない、という喝破であり、それが「愛国」にひとしいとみなされて、政府の「人気人望」に直結している、という分析である。

何故に排日が支那において愛国と同一視され、人気を収め人望を博することになるか。これは決して一朝一夕のことではない。……其の重要な原因は、これを支那当局者乃至有識者が、……外国の利害関係を其の帝国主義的、資本主義的侵略の結果なりとし、これを除去すれば即ち支那の建設は可能である、其の興隆は期して待つべしといふやうに、多年宣伝した結果に帰すべきことは明かである。(「支那の真の統一と日本の対支那外交」『動かざる支那』)

矢野の見るところ、中国の「排日」は、日本の側も「不謹慎」「無思慮」「無理想」の「言動」「政策」で「育成助長」したにせよ、あくまで「支那当局者乃至有識者が」「多年宣伝した結果」起こったものである。「国民の真の利益幸福となるべき政治を実現する道徳的精神」とは何ら関係なかったし、日本の対応いかんで改善できるものでもない。問題はむしろ中国政治の側にある、という見方だった。

同一視の有無

これこそ、石橋の批判した論法にほかならない。かれはちょうど同じ時期、

我国としては、或は満蒙に於ける我特殊権益を確立し、再び支那に兎や角云わせぬ状勢を作り得れば、それにて問題は根本的解決を遂げたりと満足するかも知れぬ。併《しか》しそれでは支那の政府と国民とは納得しないに極《きま》っている。……我国人は過去の歴史や条約や或は支那に対する日本の功績やらを理由として、彼等を非難し、其不道理を説くけれども、そんな抗議は畢竟するに、此問題の解決には無益である。……日本人から見れば、彼の所謂排日読本は甚だ迷惑、甚だ不快にも感ぜられぬことはないが……支那としては、それは全く已《や》むに已まれぬ要求から出ているのである。もし我国民が、彼に排日読本を廃めさせようと思うなら、支那の国民統一運動――その要求を止めさせるより外はない。(「満蒙問題解決の根本方針如何」『石橋湛山評論集』)

と述べている。「排日」に日本が「非難」「抗議」しても「無益」だという結論では、両者共通するも

のの、そこに至る考え方の筋道は、同じではない。

石橋が日本人に直視を求めた中国人の「愛国心《ナショナリズム》」を、矢野はいわれのない「宣伝」による「人気」集めだと断じたからである。「支那通」は第一章の末尾に引いたとおり、中国人を「生来忘恩不信の民」にして「条約無視の如きは平気」で、「国際道義は通用せず」とみなした。矢野の文章はその理由を解説する論述の典型というべきであろう。

では、なぜ矢野は、中国の「排日」＝「愛国」を、石橋のように日本の「攘夷」や維新と同一視しなかったのか。どこで石橋との岐路が生じるのか。そこには、いかなる「支那通」的な要素が作用しているのか。さらに矢野の著述をみていかなくてはならない。

2　「王道楽土」

理想

米沢の士族の出、矢野仁一は「国士」を自任していた。国のために学問をやる、という信念に生涯ゆるぎはなかった。おびただしい業績を生み出した研究への情熱も、リットン調査団への反駁も、そして「満洲国」への関与も、動機はみなそこに発したものである。

かれはその点、少年のように純粋だった。純粋は美徳である。学究なら最上の性格・資質かもしれない。しかし現実政治の時評家・実務家としては、さてどうだろうか。

「満洲国」建国の理念・理想が「王道楽土」という美辞麗句のスローガンだったことは、周知のところだろう。それが当時において、多分に偽善であったのは明らかだし、いまとなっては、アナクロニズム以外の何物でもあるまい。しかし少なくとも矢野とその中国観をみる場合、一言でそう片づけては、分析と理解を放棄することになる。

王道の理想むなしく満洲を　中日のくさびの夢もはかなく（『燕洛間記』）

この和歌からもうかがえるように、矢野の主観としては、ほんとうに「王道」を「満洲国」に実現するつもりだったし、「満洲国」がその理想を実践する国家だと心から期待していた。関東軍臨時嘱託、「満洲国」外務局嘱託になって、「満洲国」の建国、とりわけその理念づくりにたずさわったのも、そうした信条のなせるわざである。

高弟の宮崎市定はいう。

先生の抱負たる大陸政策はすぐれて純粋な理想論であった。先生は軍部に知友が多かったが、軍部が王道といえば、先生は本当に周の文王の王道を実行するものと考えておられた。最初は先生を利用するつもりでいた軍部は、最後には先生の純粋さに閉口してもてあまし、次第に疏んじ出したが、先生の方では少しも疑念を抱かれなかった。（「矢野博士の追憶」『宮崎市定全集』24）

こうした「軍部」のいかがわしい態度が、「満洲国」政権の本質をよく物語っている。矢野がそのイデオローグに任じたことで、行動を誤った日本人がいたとすれば、いかに「純粋」が美徳でも看過、免罪することはできない。

もっともかれ自身は毛頭、偽善に荷担しようとは考えていなかった。この点、古き良き時代の浮世離れした学者の姿を髣髴とさせる。しかもそれは稚気というものではなく、鬱然たる学殖に基づく確乎たる信念からきていた。なればこそ、いっそう始末が悪い。「支那通」が敬称でもあり蔑称でもありうることは、かれの進退が体現していたともいえる。

矢野の中国観をみるには、善かれ悪しかれ、そうした「純粋な」信念の由って来るところをさぐらねばならない。それが当時、多数の支持を獲たのなら、なおさらである。

「王道政治」

まずその「抱負」である。

私は満洲国における支那人をして自分は満洲国人であつて幸福である、名誉である、利益であると感ぜしむるやうに満洲国を立派な国にしなければならぬと考へる……（「王道政治の理論と実現」『動かざる支那』）

「立派な国」という言い回しは、第一章第2節に「立派なる政治」「立派な独立国」と引いたとおり、石橋湛山もしばしば使ったものである。いずれも当時の中国と対置して述べる文脈であり、現状として「立派」ではない中国が厳然と存在していた。これは矢野も石橋も共有した認識である。ただし共有したのは、そこまで。やはり石橋のセリフを手がかりとしたい。「理想政治」を痛烈に批判したくだりである。

国内にさえも実現出来ぬ理想を、支那人の住地たる満蒙に何うして之を求め得ようか。(「支那に対する正しき認識と政策」『石橋湛山全集』8)

あたりまえの口吻として見すごしてしまいそうだが、じつは重大な問題を含んでいる。日本の「国内」を引き合いに出すところからみて、石橋は「支那人の住地」を日本と区別せずに考えていたことがわかる。ここにも、かれ一流の中国と日本の同一視が貫徹しているわけだが、そうした思考の様式・次元で、矢野は截然《せつぜん》と異なっていた。

一九三二年三月、「満洲国」建国の祝賀大会の放送で、矢野は「理想」の「王道政治」を以下のように説明している。

一切の搾取が行はれない政治、如何なる意味、如何なる形の搾取も行はれない政治こそは王道の政治でないかと思ふのであります。なほ王道主義の政治は徳治主義の政治で、国君の徳は本《ママ》となる政治であります。……礼教は道徳の表現で、国君は礼教を以て天下を率ゐ、百官は礼教を以て人民を率ゐ、国君の職責を分かつ政治であります。……人種的搾取、資本主義的搾取、その他政党、軍閥、官僚、土匪等の一切の搾取を排除し、社会平和、国際平和を以て基礎とする世界の理想国、平和郷を建設せんとしてをるのであります。(『満洲国歴史』)

「搾取」を排除し、「道徳」「礼教」で統治する、というだけでは、いかにもわかりにくい。これはおおむね、西洋諸国の政治に対置した表現である。もちろん維新後の日本も、西洋政治の側にふくまれる。

かれは同時期に書いた別の文章で、西洋政治に対する「王道主義の政治」を、法治主義に対する徳化主義・物質主義に対する精神主義・個人主義に対する共同主義・社会的不平等主義に対する社会的平等主義・闘争主義に対する和平主義・民族差別主義に対する民族平等主義・党派主義に対する不偏不党主義などと分析しており、もってその特長を大づかみに把握できよう。「王道政治」とは中国・東洋独自の、西洋諸国に優越する「理想」政治だという宣言にほかならない。

真の「王道」

ただし矢野は、断言する。「王道政治」には「重大な欠点」、「政治上の思想として致命的の欠点」がある、と。それはとりもなおさず「嘗て実行されなかつた」ことにある。「西洋的の政治は其の種々の点に於て欠点あるに拘はらず、それは実際に行ひ得べく、また実に実際に行はれたところの政治」なのに対し、「幾多の長所」ある「王道政治」は、実施されたことがないから、いかに「優秀」

でも「空想」「無価値」にすぎない（「王道政治の理論と実現」『動かざる支那』）。その「理想」を「満洲国」が実行して、空想に終わらせない、というから、かれはすすんで協力したのである。

中国三千年の歴史、かつて実現しなかった王道国の成る成らぬ、たゞこの一挙という気持ちで、実に心血をそゝいだ（『燕洛間記』）

というのが、矢野の述懐である。

中国の「王道」という理想のいかに高邁にして、現実のいかに醜悪か、かれはその歴史の学殖によって熟知していた。それればかりではない。その理想と現実の乖離が生じるメカニズムも、つぶさに解明していたのである。なればこそ、その理想を現実にするすべもわかると判断して、「心血を」注ぐつもりにもなりえた。「支那通」の自負なのだろう。

もっとも、「王道政治」のイデオローグを以て任じたかれが、「満洲国」に果たした実際的な役割は、といえば、さして特筆すべきものはみあたらない。軍部が自らに向けられる「誤解」を避ける、つまりその底意を美化するため、京都帝大教授を祭り上げただけである。おおむね「学者の迂言、書生の空論だとてんで相手に」されなかった（『燕洛間記』）。矢野の名前・活動がなくとも、「満洲国」のいわゆる「王道政治」の歴史はいくらでも書ける。

それでも、かれの発言・議論を見ない、聴かないでは、「満洲国」をデッチ上げた人々と同じである。現実政治・侵略主義にとっては、いかに「学者の迂言、書生の空論」でも、それがわれわれの中国認識に無価値であるとはかぎらない。
「支那通」が自負する中国観とは、いかなるものか。かれの目に映った、旧来の「王道政治」のメカニズムとはどういうものか。肯定するにせよ、否定するにせよ、その論を聴いてみる、読んでみることが必要だろう。

「徳治主義の政治」

まず「王道主義の政治は徳治主義の政治」だというところに着眼しなくてはならない。「徳治」は現在では理解しにくい概念だが、語義どおりには、為政者がその仁徳で被治者を徳化して治めることである。徳による感化・教化なので、強制がともなわない。被治者は徳化されれば、自らすすんで統治に服する。「徳治」の対極にあるのが「法治」であり、これは法という強制力によって、被治者を従わせる統治にほかならない。
その理論的な優劣は、『論語』為政に述べるとおり。

之を道《みちび》くに政を以てし、之を斉《ととの》ふに刑を以てせば、民免れて恥無し。之を道くに徳を以てし、之を斉ふに礼を以てせば、恥有り且つ格《いた》る。

「政」とは「法制禁令」のこと。いわんとするところは、法令で動かし、刑罰で抑えつけては、民は抜け道を考えるばかりで、恥・罪の意識がなくなってしまう。それに反し、仁徳で教導し、礼儀で制御すれば、自ずから廉恥を有して、人心も正しくなる。

　これがそのまま、西洋と東洋の差異をなしており、見るからに後者が優越する。しかし現実は、理論どおりには運ばない。この「徳治」の成果は、建前として標榜はされても、現実には「中国三千年の歴史、かつて実現しなかった」のである。

　矢野の史眼は、強制力の乏しさ、自発性への依頼にその要因を見いだし、「其の及ぶに任せて、及ばざるところを無理に治めやうとしなかつた」という。被治者みなが徳化されて、人心が正しくなって従うのなら、話は早い。そうでない者がいるのに、「無理に治めやうとしな」いのが問題なのである（「支那の社会の固定性」『動かざる支那』）。そこで強制力をもって統治しないとどうなるか。

> 支那は数千年来徳治主義の政治であつたから、法治主義の政治の国と違ひ、必ず政治の及ばぬ範囲があるのであつて、其の範囲は相当に広いのであるから、土匪群盗の様な政治に反抗的の不逞分子は所在に潜蹤《せんしょう》逃匿し、或は横行跳梁することが出来るのである。……仁政が行はれて、地方官に苛派《かは》勒索《ろくさく》のことがないからと言つて、必ず叛乱が起らないと云ふ訳ではない。盛世だから叛乱がなく、衰世だから叛乱があると云ふ訳ではない。何時でも又何処でも機会があり隙があれば蜂起萌生せんとして居るのである。

　以上は一九二六年刊行の『近代支那史』に、一八世紀後半から一九世紀初頭の政治社会状態を述べた一節である。「政治の及ばぬ範囲」ができるのは「徳治主義の」統治だからであり、そこが「法治主義の政治」とは異なる。

この「政治の及ばぬ範囲」に「土匪群盗」がはびこる。そもそも強制をともなわない、被治者の自発性によるのが、「徳治主義の」統治の前提なのだから、被治者が為政者に従順でなければ「土匪群盗」になるし、従順なら善良な人民である。

けっきょく政府・政権の良否は関係がない。というより、善かれ悪しかれ政治そのものが及ばない、「及ばざるところを無理に治めやうとしなかつた」から、被治者といっても、実際には「治め」られず、政府と関わりのない人が大多数だとみなくてはならない。矢野はいわゆる「土匪群盗」の集団を説明して、

私は教匪でも会匪でも、宗教主義だとか、種族主義だとか政治主義だとかの主義の運動などゝは考ふべきものでなく、支那の政治が人民の福利を増進し、繁栄を齎らし、其の真の要求を充さんとするものでない為め、人民が政治以外の手段に依つて自から其の福利を求め繁栄を図らんとする運動に外ならないものと考へる。(「支那の秘密結社教匪と会匪」『動く支那』)

という。「教匪」は白蓮教徒、「会匪」は天地会のことで、前者は邪教集団、後者は反政府組織、いずれも秘密結社だが、それは政府・権力に反対する立場にあるだけで、本質は「政治以外の手段に依」る福利組織にほかならない。それは反権力でなくとも存在しうる。「匪」と良民の実体に何らちがいはない。実際、容易に一方から他方に転じた。それがいわゆる「政治」の「及ぶ」か「及ばざる」か

のちがいになってあらわれる。

領土

「徳治主義」による「政治の及ばぬ範囲」は、このようにヒトばかりではない。ヒトは土地に住む以上、地理的な「範囲」をもともなう。「力の征服、法の支配を要求しないので」、「実際に支配してをる地方と、実際に支配せざる地方との境界を甚だ不明瞭ならしめてをる」(「支那の土匪」『動く支那』)。その「境界」があいまいなため、国境も「不明瞭」になり、厳密な意味での領土の概念も存在しえない。「実際に支配せざるところの領土でも、支配せざるままに支那の領土であるといふ観念」が生じてしまう。

この「帝政時代」の「徳治主義」による「領土観念」は、中華民国になっても「余り違はないのではないか」、というのが矢野の見立てである。

支那は蒙古人や西蔵人は承認もしないのに、勝手に蒙古、西蔵は支那の領土であると手製の憲法(臨時約法)に書いて、さうして憲法に蒙古や西蔵が支那の領土であると書いてあるから蒙古や西蔵は支那の領土であるといふ……実際に支配しないところの領土までも、昔帝政時代に支配した領土であるといふ理由で之を支配してをるやうに漠然思つてをるに過ぎない。(「支那の帝政時代と共和政治時代」『動かざる支那』)

一九二〇年代に発表した「無国境論」や「領土に非る論」は、こうした「徳治主義の政治」による必然的な結果を説いた文章なのである。

「法治」すなわち法律・強制力、換言すれば、政府権力による実効支配という当時の西洋・日本であたりまえのことが、ヒトにも土地にも行われない。本章第1節にみたとおり、中国は「世界帝国」ではあっても、国家ではない、とかれがいうのは、このような「徳治主義」による政治社会の構造を根拠にしていた。

そこに列強との軋轢も生まれる。「満洲」をめぐる日本との対立は典型だが、モンゴルをめぐるロシアとの、チベットをめぐるイギリスとの対立も、根本的な要因はここにある。

条約

列強との関係は、不平等条約に対する態度にいよいよ明白である。不平等条約は主権を侵害しているから、中国がこれに反対するのは、日本と同じくあたりまえだと石橋はいう。けれども矢野は、そんな論法に与しない。中国は元来「徳治主義」だったからである。

法律それ自身が礼教を維持し道徳を維持するといふことが精神となつてをるばかりでなく、礼教を維持する為め、または道徳を維持する為め必要であるならば、其の法律の条文といふものは必ずしも之を守らなくともよい、之を無視してもよいといふのが支那人の考へである。（「支那の帝政時代と共和政治時代」『動かざる支那』）

かくて「守法の精神、ロー・アバイディング・スピリットのないこと」が「法治」国との決定的な違いであって、それは条約でもかわらない。中国は条約を結んでも「真面目に実行する考へがなく、後にどうにかなるだらうといふやうな無責任な考へ」である。「後からどうして条約の規定を無効ならしめることが出来るか、其の効力を減殺することが出来るか、実行せずして済ますことが出来るか」と考えるのが、「帝政時代の外交であつた」。

中華民国も「法律条約に対する支那人の考へは帝政時代と」「余り違つたところはない」。

共和政になつて支那が単独に二十一箇条協約を破棄し、不平等条約を撤廃せんとするやうな考へもこれと余り変りはないではないか。支那が関税会議を待たずして、また条約の改正手続に依らずして、二分五厘の関税附加税を徴収するといふやうな態度も、帝政時代と同じやうな態度ではないか。漢口や九江の英吉利租界の不法占領によつて非常に成功したやうに考へる心理も帝政時代と同じやうな心理ではないか。(「支那の帝政時代と共和政治時代」『動かざる支那』)

帝政が廃されて共和政となり、帝政を支えた「礼教」も「道徳」も失われると、法律・条約を軽視する「無責任な」心理と風習のみが残った。法に遵《したが》わず治安を維持できないのも、条約を守らず列強と安定した関係をとりむすべないのも、すべてこうした帝政・「徳治主義」以来の中国の政治社会構造による。

したがって、列強とりわけ日本の帝国主義・侵略主義「を除去すれば即ち支那の建設は可能である、其の興隆は期して待つべし」というのは、やはり無根の「宣伝」にすぎない。それを真に受けて「排日」にいそしむ中国人は、「反省自責の念がない」、「到底歴史といふものを正確に読むことの出来ない先天的の欠点がある」とまで極論したのである（「支那の帝政時代と共和政治時代」『動かざる支那』）。

これでたとえば、石橋のような立場・見方とのちがいが鮮明になろう。石橋はリベラリズムの当為から、中国を日本と同質の政治社会とみなしたのに対し、矢野はその歴史の学殖から、法治国家の社会とは異なるありようを中国にみていた。いずれが中国社会そのものを直視、熟知していたか、一目瞭然である。

そして中国の歴史は、当時の日本人にとって、今よりはるかになじみが深い。それを論拠に「王道楽土」の建設を夢想した矢野のほうが、「経済的リアリズム」で「一切を棄つるの覚悟」を説く石橋よりも、輿論の支持を集めたのは当然である。もっともそれは、「歴史を正確に読まない」中国ナショナリズムの昂揚と真っ向から対決するものであって、日本の政府・軍部の大陸政策・侵略主義と同調してゆくのも、また不可避だった。

3　中国社会の停滞をめぐって

「王道楽土」と人民革命

一九三一年の満洲事変で日本軍部がデッチ上げた「満洲国」は、東洋の精神文明・道義国家を復活させ、西洋の物質文明・覇道政策を超克することを、その建国理念とした。アメリカをはじめとする列強の帝国主義と国民党ひきいる中国のナショナリズムに対抗するねらいである。その端的なスローガンが「王道楽土」であった。

自らの研究で実なき中国の「王道」を知りつくしていた矢野仁一には、それが理想の「王道」を真に実現すべき好機と映る。還暦を越えてなお、積極的な「満洲国」支持をつづけて情熱と学殖を傾けたのも、中国伝統の文化をこよなく愛し、「満洲国」に住む「支那人」の「幸福」と「名誉」を願ったればこそであった。その「純粋」な善意は、かくて侵略主義と一体となりはてる。それはやはり悲劇というにふさわしい。

戦後「王道の理想むなしく」公職追放に遭った矢野は、倉敷に隠棲、政界はもとより学界からも忘れ去られる。そのかれが二十年の後、一九六六年に『中国人民革命史論』の大作を著したのは、矢野を知る人を驚歎させた。数え九十五歳のときである。亡くなるのは、さらにその四年後。終生、好む学問を廃せず、信じる所を憚らず、白寿という長き天寿を全うしえたのは、たしかに「世にも幸福な」生涯だったのかもしれない。

『中国人民革命史論』は中国共産党にきわめて高い評価をあたえた著述で、毛沢東の革命を「中国の歴史未曾有の革命、まことに革命の名に値する空前の革命である」と絶賛する。かつて日本の大陸政策・侵略主義を支持した政見からすれば、驚くべき転向にすら思える。しかしそこには、矢野の持論が貫いていた。

なぜ中国共産党の評価が高いのか。社会主義・共産主義を支持したからではない。毛沢東の革命がいわば、かれの久しく夢見てきた「王道楽土」を実現しつつあったからである。

第一に「官公吏の清廉勤勉」、第二は「匪賊の絶滅」、第三に「犯罪の非常に少なく絶無に近い」状態。かつての中国では、どうしても達成できなかったものが、毛沢東治下の中国で、たしかに現出した。その偉大な達成を果たしたはずの、同じ中国共産党が支配する今の中国を、地下の矢野に見せたら、いったい何というだろうか。

ともあれいったんは、共産党の政治が数千年の実なき「王道政治」と「徳治主義」の現実的弊害を一掃した。それは「中国の社会の構成を変え、文化の性格を変え、世界観を変えた」にひとしい。

それでは、毛沢東が「変え」る以前の「王道政治」、「及ばざるところを無理に治めやうとしなかった」「徳治主義」の政治と向き合ってきた「社会の構成」とは、いったいいかなるものだったのであろうか。

「社会の構成」

もちろん矢野がそれを語らなかったはずはない。一口にいえば、政治と民衆が乖離した社会である。

すでにみたとおり、かれは共産党と対立した国民党の中国統治を、「道徳的精神」「道徳的基礎」がないと表現した。「排日」運動をことさら煽ったのも、この「基礎がない」から、政権を維持するために「人気」を得ておかねばならなかったからである。

この「道徳」という用語は、われわれからすると、いささか紛らわしい。かれは解説して、民衆の側からは「其の国の為めに生き甲斐があり死に甲斐があると感ずる」意識であるといい、国家の側からは「国民の真の利益幸福となるべき政治を実現すべき」意思だといっているから、いまのことばでいうなら、ポジティヴな意味での国家意識、あるいは国民意識、つまりナショナリズムとなろう。

したがって「道徳的基礎」とは政治と民衆、政府権力と民間社会が近接し、たがいに意思疎通し、影響を及ぼし合い、一体化して国民国家となる構造にほかならない。これが西洋や日本など列強の姿なのに対し、国民政府までの中国は、その逆だった。

たとえば農民に関して、矢野は「帝政時代においては、この大多数の農民は政治といふものに対して非常に冷淡な極端に無関心な態度であつた」といい、その理由を述べる。

大多数の農民といふものは、政治上の実恵を殆んど被ぶらない。支那の帝政は人民の利益幸福を図ることを理想とするものであるが、それは理想であつて、実際には人民の利益幸福を顧みないのである。私はさういふことで農民は政治に依つて自分達の利益幸福を求むるといふことは全く考へないやうになつて仕舞つたものでないか、農民は政治といふものに対して何等の興味を持たないということになつたのでないかと考へるのである。それは共和政になつてどうであるかといふと、同じやうな状態は依然として存続してをるのである。……（「支那の帝政時代と共和政治時代」『動かざる支那』）

「帝政時代」・農民に限らない。民国時代になっても、「社会状態」・社会構造の全体がそうなのだと分析する。

……西洋諸国の社会状態は、政治の作用に適応して起つたものであるのに反して、支那の社会状態は政治の作用を免るゝ為め、或は政治は支那に於て社会に関係なきものとなつて居る為め、自然に発生したものであると考へなければならぬ。……（「支那の国家及び社会」『近代支那論』）

それなら、この「社会」はいかに描くことができるだろうか。

「士」「庶」の乖離

そこで出てくるのが、「士」「庶」という概念である。「士は知識階級であり、同時に治者階級」にして、「政治を遊戯とし或は政治を職業とする階級である」。「庶民は之に反して無識階級であり同時に被治者階級」にして、「支那の人民の大多数は庶民であつて、士の階級に属するものは、之に比較すれば極めて少数に過ぎない」。そこで「政治」に応ずるのが「士」、「社会の内部中心」を構成する

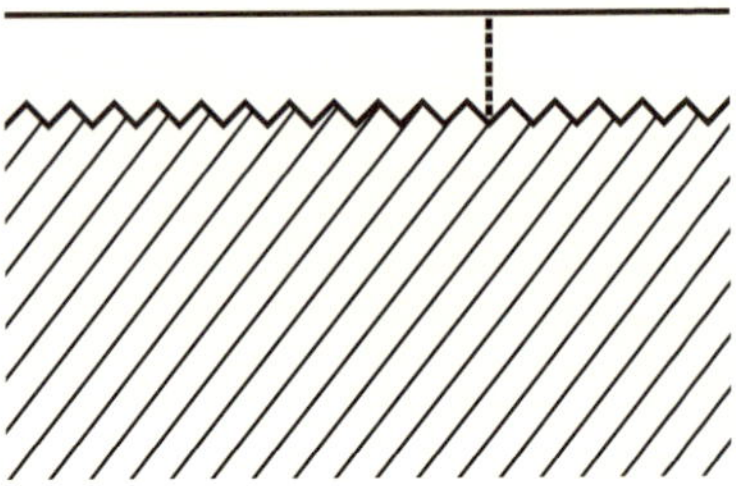

のは「庶民」で、両者は「没交渉であつた」とみなされる。

> 支那の歴史はこの社会の表面の部分において政治を遊戯とし或は政治を職業とする分子間の政権争奪の歴史、或はこの分子と之に反抗する分子との政権争奪の歴史である。支那の社会の内部は其の表面と接触する部分において多少の動揺影響を免かれざるも、実質においては殆んど影響を被ぶらないといつてもよいのである。それ故若し図を以て支那の社会を示せば、内部と表面との分界線は波線を以てすべく、表面において政治を遊戯とし或は政治を職業とする部分と、之に反抗する部分との分界線は、政治の善悪強弱に依つて移動することを表示する為め実線を以てせずして虚線を以てすべきものであらう。……支那の大多数の人民は政治は善いから之に依頼するとか、政治が悪いから之から離るるといふのではなく、政治といふもの其のものを無用のものと考へてをるやうである。（「支那の社会の固定性」『動かざる支那』）

この引用文のいうところを、矢野じしんが描いた「図」で示せば、右上のようになる。

王朝の興亡、「政治上の変動は目まぐるしく」起こっても、それは「政治を職業或は遊戯とする」士の階級の変動であり、斜線があらわす「政治に関係なき庶民階級の生活には、何等の影響変動を及ぼさなかつた」。かれが自らの論集を二冊に分け、それぞれに題して「動く支那」と「動かざる支那」と名づけたのも、そこに由来する。

「固定性」

中国社会全体の構造的イメージは、これで獲られる。もっとも、その政治と乖離した「庶民」の組織、「内部」の実体については、矢野はことさら明示していない。

その著述をよく読んでみると、たとえば本章第2節で引用した、「教匪」や「会匪」、あるいは「土匪群盗」という結社が、じつはその一部をなしていると気づく。さらに言及のあるところを拾えば、以下のような記述にいきあたる。

支那の政治は徳治主義の政治で、其の及ぶに任せて、及ばざるところを無理に治めやうとしなかつた為め、まるで政治が及ばず、其処に人民の自治が生じ、また支那の大家族制度の如きものが発達し、政治を必要とせざるに至り、政治上の保護を望まぬことになつた結果、終に政治を害悪視し之から逃避せんとするに至つたものでないかと考へるのである。（「支那の社会の固定性」『動かざる支那』）

矢野が中国社会の「内部」を構成していたものとして、政府・権力の手が及ばない秘密結社や「大家族制度」をあげたところに目をとめておきたい。

それ以上のことを、かれは述べていない。むしろこうした「階級」区分、社会構成ができたのは、なぜか、いつからか、のほうに論の重点がある。

なぜか、に対する答えが「徳治主義」であった。それでは、いつからか、の問いはどうだろうか。以下は一九二二年の論文から引いた一節。

支那に於ても昔は政治と社会とは離れず、それが離るゝ様になつたのは唐以来のことである様に考へて居る人もあるが、私には賛成が出来ない。私は社会が政治と離れて居るといふことは、治国平天下と云ふ支那の政治の理想から来て居るもので、昔からさうであつたと考へるのである。

(「支那の国家及び社会」『近代支那論』)

このように、矢野は中国の政治社会構造が、古代から一貫してそうであったこと、その「固定性」を強調する。「唐以来」、西暦だと六世紀末から七世紀初あたりというのは、顧炎武『日知録』「郷亭之職」の説によるものだが、そうした時代の経過に応じた変遷、あるいは歴史的な発展を、矢野は否定した。それはとりもなおさず、中国社会の停滞論に結びつく可能性をはらむ。

中国社会と時代区分

停滞論とは、簡単にいえば、中国は自力で進歩、発展する契機をもたない、停滞した社会であるため、近代化をなしとげるには、外からインパクト、助力を与えてやらねばならない、という議論であり、列強の中国干渉、侵略を正当化するひとつの論拠をなしていた。矢野の所論はこの面でみても、日本の侵略主義に親和的だったのである。

そのように、政治と社会の乖離が「昔からのこと」であるとすれば、中国史は一貫してそれに見合った、同じ過程をくりかえしてきたことになる。

随つて元の時代に蒙古人が支那を支配した結果、蒙古人若しくは支那人以外の外国人即ち所謂色目人などが政治上重要の地位を占め、人民の利害休戚を念とせず、……却つて苛斂誅求、人民を勒索搾取して私腹を肥やさうとしたので、これより後支那の人民は政治に依頼する考へを棄て、政治の良否善悪を問はず、自分等の利害休戚は自分等自身之に当らなければならぬといふやうな考へを持つことになつたといふやうな説もあるけれども、私は賛成し兼ねる。……私は蒙古や五胡が容易に支那を征服することが出来たのは、既に支那の人民は政治などは誰に任せても構はない、蒙古人だらうが、五胡だらうが、差し支へがないといふ考へになつてゐたからであると考へるのである。(「支那の社会の固定性」『動かざる支那』)

目前の中華民国も、一三〜一四世紀のモンゴル時代も、四〜五世紀の五胡十六国時代も同じで変わっていない、中国の社会は異民族であれ外国であれ、誰に支配されても「差し支へがない」という評価である。昔のいわゆる「蒙古人」「五胡」とは、目前の列強・日本を寓意するのはいうまでもない。見方によっては、最も典型的な中国停滞論であり、中国侵略論でもあったわけである。

矢野はそこで本当の「王道」を、「庶民」に為政者の徳がゆきとどき、中国人の「真の利益幸福を図る」政治を、日本が実現すべきだと考えた。その具体的な表現が、たとえばかれにとっての「満洲国」である。歴史から中国の社会を見すえた矢野は、かくて日本帝国主義と一体にならざるをえなかった。

そうした見方が、「士」「庶」の乖離を打破した中国共産党の革命に対する共鳴をも形づくった。中国共産党が戦争中に抗日を主導し、以後もずっと、日本と対立しつづけたことに鑑みれば、皮肉というほかあるまい。

内藤湖南の影

矢野の思想と進退は、このように自身の学殖、独自の中国観にもとづくものだった。けれどもその中国観は、まったく孤立して生まれたものでもない。たとえば上の引用文では、明白に「賛成し兼ねる」論敵を想定している。すなわちかれの持論は、モンゴル時代に政治と社会が遊離した、それまでは遊離していなかった、という「説」に対する反駁として表明された。

では、その反駁の対象とは誰の「説」か。京都帝大で矢野の同僚でもあった、支那学・東洋史学の泰斗・内藤湖南（一八六六〜一九三四）である。

二人の関係は、同僚という以上に具体的なことは、よくわからない。とくに矢野の語るところは、ほとんど残っていない。矢野より六歳年長の内藤湖南に関する研究は、従前からおびただしくあり、いまも関係の著述は刊行が続いている。門弟子たちの証言も少なくなく、同僚であれば、桑原隲蔵《じつぞう》との関係や学問の異同などは、よく知られたところだろう。それに対し、同じく同僚だった矢野との関わりは、ほとんど拠るべき資料がない。しかし二人は同時代の「支那通」でもあり、歴史家かつ時論家であったところ、ほぼ共通する立場だった。そこで、このように議論の対立があったのは、すこぶる興味深い。

対立があるといっても、両者が何か直接に論争をしていた、というわけではない。この点、矢野と石橋の関係に似ている。しかし両者の異同は、当時の「支那通」史家の中国観がいかなるものでありえたか、を示すものとして注目に値しよう。

矢野と湖南

矢野が湖南を批判するまとまった文章に、「支那の歴史における近代と古代」なる一篇がある（『動かざる支那』）。そこでかれは中国の歴史を通観していう。

朝家の興亡は頻繁に起つて、政治上の主権者は走馬燈の如く変つてをるが、政治上の大勢、社会上の状態、人の思想の傾向等は格別変化してをるやうにも見えない。それといふのも、支那の社会は朝家の興亡のやうな政権の移動に依つて影響を被ぶらないやうな強靱堅牢な組織になつてゐるからである……

支那の中代は貴族階級が政権を専占し、庶民階級は貴族階級に抑圧せられて政治上社会上無権力無機会の地位に沈淪した時代であり、近代は貴族の権勢を失ひ庶民の擡頭勃興した時代であるといふ説がある。成程……隋の時、科挙試験で士を取るといふ制度が始まり、唐に至つてそれが益々重んぜられ、士は皆譜牒を投じて試験に就くといふ有様になつた。さうして五代の乱を経て譜牒は皆散佚して仕舞ひ、士は科挙試験に依つて譜牒の真偽に拘はらず社会上に重きをなすやうになつた。然しさういふことは果して劃時代的の事件であらうか。

引用文の前段は、かれが一九二〇年代半ばに公刊した著書で書いていたことを再説したもの、後段はその論旨に即して、「中代」と「近代」を区分した「説」を批判する文章である。いわゆる「朝家」とは、漢・唐・明・清などの王朝のこと、また「譜牒」とは、ひらたくいえば家系図、「貴族」たる門地を証明する血統書のようなものとみればよい。

この「説」が内藤湖南の代表的な学説、有名な唐宋変革論にほかならない。「中代」とは今の語彙でいえば「中世」、「近代」は「近世」にあたり、中国は唐代まで、「貴族」が優勢だった中世の時代、一〇世紀の宋代以降、「庶民」「平民」の勃興した近世となるというのが、その骨子である。

矢野はそれを真っ向から批判した。とはいっても、この文章は湖南の歿後、公になったものである。生前に出すのは、なお憚るところがあったのかもしれない。

二人に師事した宮崎市定が記す「追憶」に、こんなエピソードがある。「満洲国が成立した直後」というから一九三〇年代前半、湖南の晩年なのはまちがいない。

〔矢野〕先生は彼地に旅行して帰られた。当時笠森伝繁という人が日本人の政治団体を組織して活躍していたが、その片腕となって働いていたのが、私（宮崎）より一年おくれて卒業した河村久三郎君で、そんな関係から先生は笠森氏に会って、大いに肝胆相照らすものがあったらしい。帰国されて後、土産話の会のあった折、彼らはいったい何のために働いているのかという疑義が出された。先生が「どこからも金など貰って活動しているのではないことは確かだ」と保証されると、居あわされた内藤先生がすかさず、「ようし、そんならいったい、彼らは日常生活費をどうしているのか聞こうじゃないか」と鋭く斬りこまれた。事、このような機微に関する実際問題となると、正直のところ到底内藤先生の敵ではなかった。（「矢野博士の追憶」）

学問・世事の明敏さで湖南に遅れをとりがちな矢野には、気後れがあったにちがいない。公然たる批判論文としてあえて世に問うたのは、「満洲国」や日本の軍部を支持してその抱負を貫くために、持論の正しさを自他に納得させ、そんな気後れを払拭したかったからではあるまいか。

湖南は生前、「満洲国」の「王道」を「空言」だと批判していたから、なおさらである。矢野の「純粋さ」のなせるわざのようにも思われる。

その点だけに着眼すれば、湖南は日本帝国主義に荷担した矢野の対極にあったようにみえる。だが現実は、どうであろうか。

第三章

内藤湖南——「近世」論と中国社会

内藤湖南

1　和漢の「近世」

経歴

いよいよ内藤湖南の登場である。代表的な「支那通」、東洋学者といえば、まず指を屈すべきはずの人物だが、あえて真っ先にとりあげることはしなかった。ひとつは、そうしたカテゴリーに収まりきらないスケールの巨人だからであり、いまひとつは、そうであればこそ、あらかじめ論点をしぼっておきたかったからである。

その人をあらためてくだくだしく説明するにはおよぶまい。簡単な経歴を記すにとどめる。本名虎次郎、一八六六（慶応二）年、旧南部藩領・鹿角《かづの》郡毛馬内《けまない》（現・秋田県鹿角市十和田）の士族、漢学者の家に生まれた。秋田師範学校高等師範科を卒業後、一八八七年、東京に出て、大内青巒《せいらん》主宰の仏教雑誌で執筆活動を開始する。

以後の経歴は前半と後半、それぞれ二十年づつに分けて考えるとわかりやすい。前半は『亜細亜』『万朝報』『大阪朝日新聞』などで健筆をふるったジャーナリスト、後半は京都帝国大学文科大学史学科東洋史学の教授である。

みてのとおり、かれはもと時論家だった。とはいえ、学問は学歴・職歴が決めるものではなく、とりわけ当時のジャーナリストは、現在の学者・研究者より、よほど学識・学殖がある。湖南もそこをみとめられて、新たにできた京都帝国大学に迎えられた。学歴がなかったので、文部省が教授に任命するまで、二年の猶予期間を設けたのは、有名な話である。
そんな経歴からか、かれには一つの専門、あるいは学問方法にとらわれない広汎な視野と柔軟な思考があった。そこをみるには、少し回り道をするほうが便利であろう。

日本文化

内藤湖南がはじめて世に問うた著作は、一八九七年一月刊行の『近世文学史論』。数え三十二歳の作で、徳川日本の学問文化をとりあげたものである。それがいかに上方で興り栄えたか、そして三百年間を通じて、どのように江戸へ波及し江戸文化を形成したかを、余蘊《ようん》なく論じる。

その詳細をみる暇はないので、タイトルに注意するにとどめたい。いわゆる「文学」とは学問全体を指し、やや範囲は狭いけれど、文化といいかえてもよい。「近世」で江戸時代をいうのは、今日と変わらないようだが、維新から三十年足らずの時期とあっては、まるで感覚が異なる。この「近世」とは現代に直接する過去という意味であって、この書物もしたがって、遠い昔の文化史ではない。日本の学問・文化がなぜ目前のような構成になっているのか、その由来といきさつを理解するために書かれたものなのである。

いったい学者や思想家は、三十代、遅くとも四十代に、その思考の骨格は定まってしまうものである。主張や議論は年を経るごとに、拡大したり深化したり変化したりすることがあっても、視角・ロジック・論法は旧態依然であることが少なくない。湖南も同じである。該博無比なかれの学殖をさぐるにも、そこをつかまえておけば、少しは見通しがよくなるのではなかろうか。

はるか四半世紀のちの一九二一年、かれは「応仁の乱について」と題して講演をおこなった。その口述筆記には、以下のようにいう。

> だいたい今日の日本を知るために日本の歴史を研究するには、古代の歴史を研究する必要はほとんどありませぬ。応仁の乱以後の歴史を知っておったらそれでたくさんです。それ以前のことは外国の歴史と同じくらいにしか感ぜられませぬが、応仁の乱以後はわれわれの真の身体骨肉に直接触れた歴史であって、これを本当に知っておれば、それで日本歴史は十分だといっていいのであります。(『東洋文化史』)

あまりにも著名な一節であり、そのためにこの講演だけが注目されがちだが、実はこの思考法は、湖南の著述に一貫するものであり、それはすでに処女作『近世文学史論』でできあがっている。「われわれの真の身体骨肉に直接触れた歴史」をかれは「近世」とよび、最も重視すべき時代とみなした。

「近世」と「町人学者」

推奨する学者・著述の傾向も、同じである。たとえば、かれが激賞したのは、「近世」江戸時代の富永仲基《とみながなかもと》と山片蟠桃《やまがたばんとう》で、いずれもやはり後年の名著『先哲の学問』にくわしい。けれどもふたりの著述はつとに、『近世文学史論』が「創見発明の説」と称賛していた。ともに上方「大阪の町人学者」

である。

湖南は富永仲基を紹介するに、「大天才」「第一流の天才」と最大級の讃辞を動員した。というのも、日本ではかれだけが「論理的基礎の上に研究の方法を組み立てる」(「大阪の町人学者富永仲基」『東洋文化史』)ことに成功したからである。合理的な「法則」を発見した、といいかえればわかりやすいだろうか。

富永は原始仏教の成立と発達について、新しい思想ができあがるごとに、古い思想よりも上に位置づけられ、旧来の思想は貶められていったことを明らかにした。「小乗仏教」と「大乗仏教」の関係が典型であって、これを「加上」の原則という。

この原則は富永じしんの研究テーマに有用だった、というばかりではない。「論理的基礎」「法則」をもつがゆえに、時代と地域をこえた別の問題にも応用できる、すこぶる近代的な理論なのである。当の湖南が中国古代思想史の研究に用いて、大きな成果をあげ、現代の研究にも適用可能な「法則」たりうることを証明した。

山片蟠桃のことも、湖南は「よほど偉い人」といって、富永仲基ほどではないにしても、称揚につとめている。その主著『夢ノ代』は日本の百科全書というべき、合理的思考に徹した著述で、古代・学問を調べ記したばかりではなく、現代・実用にも役立つところが、湖南にとって重要だった。「自分の学問を根柢にして、学問と実際と両方から考えた」もので、「学問のほうからの知識も得られれば、実際の知識も得られる」という評価である(「山片蟠桃について」『東洋文化史』)。

それは著者たる山片蟠桃じしんの事蹟からみたほうが早いかもしれない。火の車だった仙台藩の財

政をたておした、というその活躍を描き出した海保《かいほ》青陵《せいりょう》は、

学問と云は古へのことにくわしきばかりのことにてはなき也。今日唯今のことにくわしきがよき学問といふもの也。古へになき智恵が、今の人執行《とりおこなう》にて推し出たること甚多し。凡そ今の時にくらきは、むだ学問と云もの也。(『稽古談』巻二、日本思想大系44、岩波書店、所収。引用文のかなはもとカタカナ)

と語った。これこそおそらく湖南が共鳴し、その蟠桃評を導き出した中核的な評言だろう。

このように、富永仲基にしろ山片蟠桃にしろ、湖南の評価・観点の基準をなしているのは、「今日唯今のこと」につながる実務的な合理精神である。それがそなわる人物・著書、そして時代をかれは高く評価した。それこそ「応仁の乱」以後の「近世」の「文化」にほかならない。その内実と意義を明らかにすることが、かれの日本学の趣旨であった。

こうした学問・歴史に対するヴィヴィッドな同時代的関心が、ジャーナリストにふさわしく、内藤湖南には一貫していた。まずそのことを押さえておかなくてはならない。

湖南と東洋文化

われわれからすれば、日本と中国というのは、ほぼ異質の世界であるし、また学問的にも、そう考えたほうが正しい面も少なくない。しかし湖南にあっては、ともに同じ東洋文化であった。中国文化

の波及を受けてできたのが、日本文化だったからである。日中に顕著な相違があったとしても、かれはそれを絶対的な質的差異ではなく、むしろ同じ文化の先進・後進、もしくはヴァリエーションととらえていたように思しい。

ここに湖南が和漢の学を兼ねてこなした根本的な動機があった。かつまた、いずれにも卓越した業績を残しえた事実は、その見通しが多く正鵠を射ていたことを物語る。

だとすれば、ここまで述べてきた湖南の日本学の特徴は、かれの「支那学」、東洋学にもあてはまるといってよい。かれの学問は、漢学の素養の上に構築した日本学がむしろ先行し、しかるのちに比重を東洋学そのものに移していったからである。そう考えれば、中国の歴史にあまり知識がなくとも、かれの所説を理解しやすいのではなかろうか。

たとえば、山片蟠桃や富永仲基と同じように、湖南が紹介し称揚したことで、注目を集めた知識人が、中国にもいる。代表的なのは、浙江省紹興の人・章学誠である。山片蟠桃より十歳年長なだけなので、ほぼ同時代人といってよい。科挙は最終試験まで合格したものの、ほぼ一生を在野で過ごした、というから、その地位資格でも、日本のいわゆる「町人学者」と一脈通じるところがある。

時に中国は清代、学問といえば、考証学真っ盛り。考証学とは、経書や史書を正しく読解するため、異なるテキストをひろく蒐集、比較対照して、最もオリジナルに近いものを実証、復原するものである。今日の科学的な人文学に近似する学問方法であり、それゆえに湖南と同時代の日本にも、尊崇する人は少なくなかった。清代中国の考証学が日本の東洋学を構成する大きな要素をなしたのは、確かである。

しかし湖南は、ただ考証するだけでは、決して評価しなかった。凡百の考証学者を痛罵している。

かかる学問が永く続いた所以は、かかる学問の仕方が容易であつた為である。……清朝の学者は明の理学を空疎であるとて攻撃するが、空疎であつても理論を知らねば理学は分らない。考証さへすれば学問になるといふのであれば、大して学問の素養のない人でも、例へば富豪の子供などで本を読み得る暇さへあれば、本を校正して学者の顔をすることが出来るので、これが永く続いた。故にかかる著述は校正してもそれが皆な正確とは云へぬ。校正者の頭によつて定まることであるから分別する必要がある。大体かかるものは学問上全く無価値とは云へぬが、著はした人が皆すぐれた人とは云へない。(『支那史学史』)

そのなかで「すぐれた人」だと称賛したのが、章学誠だったのである。

章学誠の史学

章学誠はとくに歴史家を自任した。歴史があらゆる学問の基礎だとみなしたからである。流行していた史書の細密な字句穿鑿《せんさく》にあきたらず、新しい史学＝学問を提唱した。主著『文史通義』が語るところを、湖南は平易に要約してみせる。その要点を三つあげよう。

まず「あらゆる学問を方法論の原理から考へる」姿勢をもっていたことを激賞する。「類ひなき卓見といつて差支ない」とまで断言した。

またデータの処理は「自分の頭脳によつてやるべき」で、そうした「独断の学問の尊いことを頻りに主張してゐる」ことを高く評価する（『支那史学史』）。「独断」とは現代日本語のそれではなく、オリジナリティの謂だから、「方法論の原理」ともども、近代科学の営みでは不可欠の要素にほかならない。以上二点はいずれも、富永仲基の「天才」とあい通じる。

湖南は第三に、章学誠がもっとも重視した史学のうち、具体的な史書の体裁を論じたところをとりあげた。中国の史書は年表的な「編年体」と伝記的な「紀伝体」が主流だったにもかかわらず、とくに「紀事本末体」の創始に着眼したことを評価したのである。

「紀事本末体」とは歴史を事件・テーマ・トピックごとにまとめて叙述するやり方で、広汎な読者にとって最も史実経過をたどりやすい。現代の歴史書はほぼすべて、この体裁になっている。中国でこれをはじめたのは、編年体の『資治通鑑《しじつがん》』をリライトした南宋の袁枢《えんすう》の『通鑑紀事本末』だった。それを語る章学誠を評した湖南の言がおもしろい。

袁枢その人は勿論さういふ大したえらい見識を以て書いたのでなしに、単に通鑑の記事を、一つ一つ事件を纏めて記憶する為めに、便宜上書いたに過ぎないのであるけれども、歴史の発達の順序としては、かういふつまらない人の著述でも、自然に古代の最上の著述の趣意に合するやうになり来つたのである。章学誠のかういふ見方はつまり言はば、最近の歴史の体裁と自然に合して居るのであつて、今日西洋の有名な著述でも、すべてこの紀事本末の体で書くことになつてゐるのであるが、歴史がさうなるべきものだといふことは、章学誠は百五十年前に於て既に考へて居つたのである。(『支那史学史』)

「文化」「歴史の発達」が、個人の「見識」を突出、卓越させるばかりではなく、「つまらない人の著述」をも「自然に」優れさせた、という。富永仲基・山片蟠桃、そして章学誠という「天才」が時代の所産であれば、袁枢のような「つまらない人」に一定以上の役割を果たさせるのも、やはり時代のなせるわざだった。それこそ湖南のいう「近世」だったわけで、そこに日本と中国の区別はない。

章学誠にかぎらない。かれが評価するほかの史書・史家も、そうした時代の全体的な進行・「発達」、あるいは「進歩」を基準とする点で、おおむね共通していた。たとえば、唐の杜佑《とゆう》の『通典』である。歴代の法令制度集というべき本だが、それに対する湖南の評言に、

支那の歴史家は、多くは標準を古代に置き、復古思想であるが、通典はそれと異り、古代よりも現代の方が進歩してゐるといふことを認めた考へで書いてゐる。(『支那史学史』)

とある。歴史は進歩する、というのは、西洋起源の歴史学にビルト・インされた観念であり、われわれも無意識裏にそれを前提に考えている。しかし中国伝統の歴史思想は、決してそうでなかったし、一九世紀末にはじめて西洋から歴史学が入ってきたばかりの日本でも、当時はなおそれが定着しきったとはいえない。そのなかで、湖南はすぐれて「進歩」的な史観の持ち主だった。かれの和漢あわせた「近世」論がその典型をなしている。

中国の「近世」

ようやく、中国史に対する湖南の時代区分を論じられるところにまで、たどりついた。その中核をなすのは、やはり「近世」である。

最も簡明に語ってくれるのは、一九二二年の「概括的唐宋時代観」という論文、および一九二八年の「近代支那の文化生活」という講演で、いずれも湖南の代表作、われわれも通例、そこから引用する。前者の劈頭にいう。

> 唐宋時代ということはふつうに用うる語なるが、歴史特に文化史的に考察すると、じつは意味をなさぬ語である。それは唐代は中世の終末に属し、しかして宋代は近世の発端となりて、その間に唐末より五代にいたる過渡期を含むをもって、唐と宋とは文化の性質上著しく異なりたる点がある。ただし従来の歴史家は多く朝代によりて時代を区劃したから、唐宋とか元明清とか一つの成語になっているが、学術的にはかかる区劃法を改むる必要がある。（『東洋文化史』）

唐から宋への転換、西暦でいえば一〇世紀とその前後をふくむ時期に、中国で大きな「文化」変動があった、その結果、中国の「近世」が形成された、というわけである。

その変動を具体的にみてみよう。根柢にあるのは、何といっても「平民発展」である。湖南は一般的な「近世」を「平民発展の時代」と定義し、中国ではそれが宋代以降に相当するとみなした。その時期の中国は、至尊の皇帝が君臨した君主独裁制である。ところが、それと並行して「平民」の「発展」

もすすんだ。それを湖南は、君主と「平民」がともに「貴族」の専有から解放された、と表現する。

君主独裁制なので、「平民」に参政権はなかったものの、西洋近代に比すべき明らかな「発展」があったとして、まず物質的な側面で「私有」「所有権」をあげる。たとえば、土地の所有・労働の自由・生産の自由・財産の自由であり、いずれも唐代の人民には認められなかった権利が、宋代の「平民」にはそなわった。なればこそ、有名な王安石《おうあんせき》の新法、庶民に対する政府の貸付や雇用労働のような政策も実施できたのである。

ついで湖南が指摘するのは、精神的な側面である。「平民時代の平民精神」とよぶべきものが、学問・藝術に浸透して、ごく一部の人しか実践できない師承第一の方法を変えた。学問では「自由研究の精神」がおこって、伝来の学説から脱却して自身の解釈が可能になる。儒教ではそれが宋学・朱子学となって大成した。絵画では「専門離れ」が生じ、従来の専門家たる「画工」に代わって、「素人」が描く文人画・山水画が主流になる。工藝も「平民相手の大量生産」となり、なかんづく織物・陶器においても、それが著しい。

「平民」の「文化」

「平民」はそれまで「支配される一方」で、「税を搾り取らるる道具」にすぎなかった。その生活はかくして、「文化」的に豊かになる。「平民が人に服従するための必要でなく、自分の生活のために道徳を必要とするようになり」、「知識をもつようになり」、「趣味をもつようになって」きた。まさに「文化生活」の優越なのであり、そこで「支配」を中心とする政治そのものが、もはや重視されなくなってくる。「平民」の地位向上にともなう「政治の重要性減衰」が、「近世」中国の一大特徴だった。

「近代支那の文化生活」の末尾で、湖南はこう語る。

しかし国情が現在のように混乱しておるというと、また今までの歴史や事情で考えたことがしばしばひっくり返って、近代の支那を研究している人はみな閉口しておる。今までいろいろ材料を揃えて結論を付けてみるとみなひっくり返ってしまう、こんなはずはなかったと思うがみなひっくりかえる。これでしばしば支那通のいうことはちっとも当てにならぬなどと世間から言われますが、それはじつは学問をしない人の浅はかさで、もう二十年か三十年待ってみると、一定した近代生活の事相が出てくる。(『東洋文化史』)

「近代」＝「近世」の「生活」は、「混乱」をきたす目前にも、なお未知の将来にも、「一定し」て通じるものだった。このように前代とはまったく異なり、かつ現状にもつながる「平民時代」を、宋代にはじまるとしたのが、湖南の中国「近世」論である。

平民実力の興起においてもっとも肝腎な時代で、平民のほうからはもっとも謳歌すべき時代であるといっていい(『東洋文化史』)

「日本全体の身代の入れ替り」たる「応仁の乱」に対するこの評言は、そのまま中国の「唐宋時代」にもあてはまる。唐宋の変革と中国の「近世」は、まさしく「応仁の乱」と「近世」日本とあい呼応していたのである。

2　東洋史学の草創

唐宋変革

少しくわしく中国の歴史を学んで、「唐宋変革」ということばを見たことがない、という人は、いまや多くはあるまい。われわれの専門ではあたりまえすぎるこの学説が、最近ようやく、ほかの学問分野もふくめ、一般に知られるようになってきた。喜ぶべきことなのか、はたまた歎くべきなのか。東洋史の学徒としては、やや複雑な心境ではある。

「唐宋変革」論とは、ここまで何度もとりあげてきた、唐代までを貴族が支配的だった「中世」の時代、宋代以後は「平民」の勃興した「近世」だとする、内藤湖南の代表的な持論にもとづいた学説である。かれの中国「近世」論そのものをさすことも少なくない。

湖南は東洋史学という学問の草分けであるから、この「唐宋変革」論も斯学の草創とともに誕生したことになる。以来ほぼ一貫して、通説の位置をしめつづけた。唐宋の時期が東洋史・中国史の重大な転換点である、ということに異論をとなえる人は、もはや世界中で誰もいない、といって過言ではない。その意味では、まちがいなく通説である。それをはじめて提唱した湖南の学問上の偉大さは、いくら強調してもすぎることはあるまい。

ただし、通説であっても、定説とはいえない。この「唐宋変革」は学界の内部では、長らく論争の的でもあった。つまり「変革」とはいかなる内容なのか、一定した説明・定義が存在せず、かつては激しい論争が戦わされたこともある。実際いまなお、そんな見解の相違・対立がまったく解消されたわけではない。「唐宋変革」をめぐって、いっそう洗煉され、深化した研究成果があいついで公になっているのも、そんな流れをひきついだ現状なのである。

このあたり、純然たる専門の学問的な話で、一般の読者にはどうでもいいことかもしれない。しかしこの「唐宋変革」をどう考えるかという問いは、狭い狭い東洋史学・アカデミズムの世界だけではなく、一般の日本人が中国をどうとらえるか、ひいては日本そのものをどう見るかにも、じつはむすびついている。

それはわが東洋史学の成り立ちそのものとも無関係ではない。湖南のみかたを位置づけるためにも、当時・草創期の東洋史学、その発想・ゆくえというところから跡づけてゆく必要もあるだろう。

東洋史学とは何か

東洋史学というのは、日本が生み出した独自の学問分野である。欧米では「歴史学」「東洋学」はあっても、東洋史はないし、中国では「中国史」はあっても、東洋史はない。たとえ「東洋史」ということばは通じたにしても、必ずしも内実がそなわっているわけではないのである。では、その「東洋史」とはいったい何なのか。

そもそも東アジアに歴史学はなかった。現在のいわゆる歴史学、いな、あらゆる学問は西欧でできたものだから、かつては西洋以外どこにも、歴史学は存在しなかったのである。

時に明治中葉、その歴史学が日本に入ってきたさい、日本人は少なからず抵抗を覚えた。受けつけなかった、というのではない。西洋製の歴史学はむしろ積極的に歓迎した。とまどったのは、それが標榜していた、いわゆる「万国史」の内容に対して、である。

当時のことばでいう「万国」とは、「世界」にほかならない。つまり欧米の歴史学は「世界史」をアピールしていたにもかかわらず、実際に語っているのは、西洋の歴史にすぎなかった。ヨーロッパ以外の地域はほぼ対象外、言及されても、いわば付け足しでしかなかったからである。日本や東アジアも、例外ではない。そんな西洋の独善的な普遍主義に対し、日本人は反撥とはいわないまでも、違和感を持たざるをえなかった。

そのあたりをみるには、やはり東洋史学の草創者の一人、那珂《なか》通世《みちよ》（一八五一～一九〇八）の言にしくものはない。那珂は南部藩藩士の出身。湖南の同郷の先輩にあたる。明治維新後、福澤諭吉の書生となって慶應義塾に学んだ。日本・朝鮮・中国に関わる歴史研究に従事し、東京女子高等師範学校（現・お茶の水女子大学）校長となり、また一八九六年より帝国大学文科大学（現・東京大学文学部）の講師も兼ねた学者である。そんな経歴からであろう、西洋の歴史学と東アジア史の叙述との関係に思いをいたし、かつ現状に慊《あきた》らないものを感じていた。

以下は後に湖南の同僚となる桑原隲蔵《じつぞう》（一八七一～一九三一）が著した『中等東洋史』に冠せられ

た那珂の序文、一八九八年の文章である。

欧洲の盛衰のみを叙述して、世界史又は万国史と名づくることの不都合なるは、事新しく言ふ迄もなし。世界の開化は、固より欧洲人の専有に非ず。東洋諸国、殊に皇国支那印度の如き、人類社会発達の上に、風化を及ぼせることの広大なるは、復疑ふべからず。且皇国は東洋の東端に位し、既往現在将来共に、東洋諸国と関係最も密接なれば、国民たる者は東洋古来の盛衰沿革に就きて、明晰なる智識を有せざるべからず。これ尋常中学の歴史科に於て、国史西洋史の間に、東洋史の目を加ふる所以なり。（『桑原隲蔵全集』第四巻、岩波書店）

西洋史にすぎない「世界史」を生み出すヨーロッパ中心主義を是正し、真の世界史をつくらねばならない。東洋史とは「西洋史と相並んで、世界史の一半を構成する者」であって、西洋化しながらも西洋に非ざる明治日本の、一種のナショナリズムの表明ともいえよう。

西洋史にすぎない世界史《グローバル・ヒストリー》が蔓延する現代から見ても、この主張は、なお清新な真理である。「既往現在将来共に」中国大陸・朝鮮半島の「諸国と関係最も密接」であるにもかかわらず、その「古来の盛衰沿革に就きて、明晰なる智識を有」する日本の「国民」・知識人は、今どれだけいるだろうか。

東洋史の時代区分

明治維新までの日本には、主たる学問・教育として漢学があった。漢籍に関わる学術ということであって、もとより現在の学問・教育の体系とは異なる。たとえば江戸時代の寺子屋では、儒学の四書五経などが、子弟のまず学ぶものだった。

その漢籍・漢学には、史書・史学をふくんでいる。中国にまつわる過去の記録・文献は、そのため豊富に存在していた。そもそも史料のないところに、歴史はありえない。その点からみて、東アジアに対する歴史学の構築は、良好な条件をそなえていたわけである。

しかしながらそうした文献・記録は、西洋流の歴史学と合致するようにできていたわけではない。代表的な漢籍史書といえば、まず「正史」。『史記』『漢書』にはじまって『明史』におわる、いわゆる「廿四《にじゅうし》史《し》」である。王朝名をほとんどの書名に冠し、その数でカウントするところからわかるように、これは王朝の交代を軸にした歴史にほかならない。われわれも中国の歴史時期を、ふつう「漢代」「明代」と表現するのは、その名残りでもある。

この王朝交代という時系列整序は、歴史学の基本的なコンセプトではない。西洋の歴史にも、カペー朝とかハノーヴァー朝とかの王朝は存在したし、もちろん事実として、その盛衰・交代はある。けれどもそれを基軸にすえるような歴史叙述は、たとえ存在したとしても、主流になることはなかった。西洋史の時系列整序は、それぞれが共通して帯びた特徴ごとに時代をくくる、古代・中世・近代などという時代区分である。

西洋の歴史学を受容した当時の日本人の眼を惹いたのは、上述の「万国史」という発想である。一国一国をみすえながらも、それにとどまらない、ヨーロッパ全域の歴史叙述をめざし、全体に通じる時代区分をほどこし、その目標を実現していたのが魅力だった。

もっともそれだけで「世界史」と称することに異議をとなえたのも、上述のとおり。ことさら東洋史をつくったのは、歴史学・「万国史」の構想・方法は大いに倣うべきながら、その範囲・達成が不十分だったからである。来たるべき東洋史でも、したがって中国王朝とその交代だけではない、東アジア全体の歴史叙述をめざすのは当然だった。

「万国史」的な歴史叙述とは、「近代歴史学の父」ランケが創始したヨーロッパ諸民族史、つまり多数の並立する民族・国家の関係史である。時まさにナショナリズムの意識が主流をなしていた時代、東アジアの歴史も、そうは書けないか。かくて既存の漢籍史書の構成をいったん解体して、西洋的な史眼でまとめなおし書き換える営為がはじまった。

那珂・桑原の時代区分

かくてできあがったのが、那珂通世と桑原隲蔵の著述、前者は一八八八年から九〇年に刊行された『支那通史』、後者はすでにふれた『中等東洋史』である。いずれも素材・史料を漢籍史書にとりながらも、西洋的な観点と方法で論述を試みた。『支那通史』（岩波文庫、上冊）は以下のように説明する。

支那史は漢人の史なり。漢人之が主と為り、而して韃靼・東胡之に参じ、迭《たがひ》に盛衰を為し、以つて東亜細亜の沿革を成す。

「支那史」と銘打ち、その意を「漢人の史」だとしながら、あえて漢人のみの歴史ではなく、漢人とそれをとりまく諸民族一体の歴史と規定するところに注目したい。すなわち諸民族の関係史という構想が貫いている。

そのコンセプトは、桑原隲蔵でいっそう鮮明になった。かれはフランス文学者にして著名な進歩的文化人だった桑原武夫の父親、東京帝国大学文科大学漢文科に学んで、のち新設の京都帝国大学の東洋史の教授に任ぜられる。『中等東洋史』は書名からもわかるように、中等教育課程の教科書で、桑原がまだ二十代のときの作だった。そこでかれが「東洋史」にほどこした時代区分は、次のとおりである。

殷周　→　秦漢六朝唐　→　五代宋元明　→　清
上古（漢族膨脹）→中古（漢族優勢）→近古（蒙古族最盛）→近世（欧人東漸）

このうち清を分離させた「近世」を、ヨーロッパが関わる同時代という特別な範疇として除いて考えれば、「上古（古代）」「中古（中世）」「近古（近世）」という三分法になる。それぞれ「漢族膨脹」「漢族優勢」「蒙古族最盛」という「諸民族の盛衰」を基準にしており、ヨーロッパ諸民族史の西洋史に対峙すべき「東洋史」という学問の定義からすれば、もっともな標準的な区分法となっている。

そこで「東洋史」には、もうひとつの意味があることがわかる。そもそも日本人の親しんできた漢籍史書が「漢人の史」であることは、当然かつ自明であった。それが歴史学の導入によって東洋史を構築する段になり、それを単なる「漢人の史」、中国だけの歴史とすることに違和感を抱いたわけである。世界史におけるヨーロッパ中心の普遍主義に抵抗を覚えたのと同じく、東洋史における漢人中心の中華主義も、もはや当然とはみなせなくなってきた。それもやはり、明治日本のナショナリズムの発露だったといえよう。

湖南と時代区分

内藤湖南は京都帝大に迎えられて、その桑原隲蔵のいる東洋史学講座の教授となった。学生にまさしくその「東洋史学」を講じなくてはならなかったのである。

湖南の学問はしかし、必ずしも「東洋史」とはみなされない。厳密にはむしろ旧来の漢学の流れをくむ「支那学」と分類される。かれは西洋流の専門《ディシプリン》でいう歴史学ではなく、主として「日本文化」「東洋文化」を探究したからである。

それでも湖南は歴史家であって、しかも東洋史学の草分けであることにまちがいはない。「東洋史」という枠組で研究に従事したわけではないかれが、その鼻祖・泰斗となった。そこには、いったいどのような事情があったのだろうか。

ともあれ、かれの講義を拝聴してみよう。湖南は授業に原稿・ノートを用意しなかった。教室には風呂敷包みで文献を携えて、それを繰りながら話すというスタイルで、それで体系的な講義になるのだから、よほど鋭敏な頭脳だったのである。かれの傑作には、受講生のノートから復原した講義録も少なくない。
以下に引くのは、その一つ『支那上古史』の緒言。出版は一九四四年だが、講義は一九一五年からはじまっている。

近来西洋にならい、上古史・中世史・近世史と区分するようになっても、なお上古は開闢より三代〔夏・殷・周〕まで、中世は両漢・六朝、唐・宋は次の一区劃、元・明・清はその次の一区劃とするが普通である。しかしこれは東洋全体の支那文化発展よりいえば無意味である。真に意味ある時代区分をなさんとするならば、支那文化発展の波動による大勢を観て、内外両面から考えなければならぬ。ひとつは内部より外部に向かって発展する径路であって、すなわち上古のある時代に支那のある地方に発生した文化が、だんだん発展して四方に拡がっていく径路である。あたかも池中に石を投ずれば、その波が四方に拡がっていく形である。次にまたこれを反対に観て、支那の文化が四方に拡がり、近きより遠きへ、その附近の野蛮種族の新しき自覚を促しつつ進み、それら種族の自覚の結果、ときどき有力な者が出ると、それが内部に向かって反動的に勢力を及ぼしてくることがある。これは波が池の四面の岸に当たって反動してくる形である。……第一と第二の作用がときどき繰り返され、その間文化に時代的特色を生じてくる。その特色によって時代の区分をなすのが、もっとも自然で合理的な方法であると思う。(『東洋文化史』)

こうして湖南が導き出した「時代の区分」は、おおまかにいえば、以下のようになる。

殷周秦漢　→　六朝唐五代　→　宋元明清
上古　→　中世　→　近世

『支那上古史』に述べる「区分」はもっと細かく複雑だが、上述の桑原『中等東洋史』と合わせた形で整理してみた。両者を比べると、「上古（古代）」に秦漢をくりいれて、「上古」と「中世」の転換を三世紀に動かし、およそ半世紀間の五代を「中世」に移しただけで、さほど違いがないようにもみえるが、実情は大いに異なる。

「文化」と「民族」

湖南は自説を示すにあたって、「無意味」な区分をあげつらって批判した。「上古は開闢より三代まで、中世は両漢六朝、唐宋は次の一区画、元明清はその次の一区画とする」分け方で、これは本章第1節に紹介した「概括的唐宋時代観」にも同様の口吻があったから、明確な論敵と意識しているといってよい。

それは誰の学説か。那珂通世であった。湖南はそのため、父の代から家ぐるみで親交のあった那珂の逆鱗にふれた、とさえ疑われる。その『支那通史』は、

夏殷周　→　秦漢六朝唐五代宋　→　元明清
上世　　→　　　中世　　　　→　近世

という区分で、「漢・唐・宋」と「元・明・清」とが時代のユニットをなし、湖南の対置したものに合致している。その区分を貫くコンセプトはすでに述べたとおり、「民族」を基軸としていた。だとすれば、湖南はそこに批判的だったことになる。

いまひとつ、「民族」を軸に構想した区分に、桑原『中等東洋史』のものがある。那珂とは中世・近世の区分が異なり、唐と五代のあいだで区切っていて、むしろ湖南の「唐宋変革」の「区分」に近い。

しかし上文に引いたとおり、那珂は『中等東洋史』に序文を寄せた人物であって、桑原の史観と矛盾、対立していたわけではない。上世と中世の区切りは、まったく同じである。近世の始点が異なるのは、那珂が「元」というモンゴルが最盛に達した時、桑原が「五代」というモンゴルが盛んになりはじめた時を選んだからにすぎない。両者の発想・思考は、むしろ共通する。

それに対し、湖南はどうか。桑原と近似するのはおそらく偶然、上古と中世の「区分」は那珂・桑原と異なるし、近世の始点は桑原に近くとも、趣旨が違う。その異同をおそらく湖南じしんは知った上で、同僚という関係もあって、明言を憚っていたのだろう。

那珂・桑原がみていた「諸民族」の関係史とは、いささか外面的な軍事力あるいは政治力の「盛衰」消長である。そのため一三世紀の「元」と一〇世紀の「五代」、三百年前後しても意義にさしたる違いはなかった。だからこの場合、「唐宋」であろうと「宋元」であろうと、選ぶところのない「変革」だということになる。

湖南が「唐宋」の「変革」に込めた意味は、そんなに軽くない。そこが動かすべからざる画期でなくてはならぬ。その基準は引用文にもいうとおり、「支那文化」にあった。それが唐以前と宋以後とで、まるで異なっていたからである。その「支那文化」は別の「民族」にも「及んで」、たとえば「日本文化」の源流ともなっている。

湖南はこうした観点から、那珂や桑原とは観点・立場を異にしながらも、その学説を包摂する立論をやってのけた。

余のいわゆる東洋史は支那文化発展の歴史である。……支那文化を中心としている国は単に支那のみではない、種族も同一でなく、言語も同一でない国々に及んでいる。しかるにともかくも支那文化の発展は、種族・言語の異なれる国に対し、立派に一つの系統的に連続せる歴史を形作っている。……（「『支那上古史』緒言」『東洋文化史』）

「支那文化」は「支那」にとどまらず、隣接する「東洋史」の範囲にまでひろがっていたから、その「発展」過程が「漢人」のみならず、ほかの「種族」「民族」をもまきこんで東アジア全体の歴史を形づくる。だとすれば、その過程を跡づけたなら、「諸民族」の関係を軸とした「東洋史」をも叙述できるわけである。桑原『中等東洋史』の時代区分との近接ともあいまって、これが以後の東洋史学の方向を決定づけた。

一般の日本人は「東洋史」と耳にすれば、まず中国の歴史を思い浮かべるだろう。これは字面の語義からしても、研究の範囲からしても、決して正しくないけれども、故なきことではない。「支那文化」の「波動」を生み出す中国の歴史「発展」が、周辺「諸民族」の動向を左右したという意味で、東洋史の根幹をなしていたからである。それを明快に断案したのがほかならぬ内藤湖南であり、「唐宋変革」論がその核心をなした。それがのちに東洋史学の通説を形づくったのも、けだし当然だといえよう。

3　唐宋変革と中国社会

文化と社会

内藤湖南が時代を区分し、体系化をほどこした「東洋史」は、中国の「文化」を基軸としていた。それは「民族」の観点からも適用できる学問枠組となり、現在に及んでいる。

そこから湖南の学問は「文化史」といわれる。たしかにかれの研究には、絵画史・史学史など、われわれがふつうに文化と呼ぶ事物を直接の対象にしたものが多い。それは誰にでもすぐできるものではなく、豊かな素養・識見を必要とする。湖南は詩文をよくし、とりわけ書にすぐれ、現代の報道人・大学人と同日には語れない文化人だったから、東洋「文化史」はかれ独自の、独擅場《どくせんじょう》の学問とみなされた。

しかしそうした文化だけが考察・研究の対象だったかといえば、決してそうではない。宮崎市定らその学統にある学者の解説によれば、藝術や学問など「そういう文化を成立させる条件として、一般的な知識の程度、一般社会の構造そういう事もあわせて」、「文化」なのであった（宮崎「世界史における中国と日本」『宮崎市定全集』22）。つまり狭義の文化の内容ばかりではなく、その基盤をなす「社会の構造」をもふくんでいる。

そのため、湖南の「構想」を説明した谷川道雄（一九二五～二〇一三）の以下の所論も、正しく成り立つ。前節に引いた湖南の『支那上古史』緒言と比べていただきたい。

中国社会の歴史的発展を、中国社会を中心とする東アジアの世界史的発展としてとらえることにある。……中国社会の内的発展は必然的に周辺諸種族の世界に波及し、後者の種族的発展はまた、中国社会の歴史的な質へ影響するのである。（谷川道雄『隋唐世界帝国の形成』講談社学術文庫）

湖南のいわゆる「支那文化」を、谷川はあえて「中国社会」に読み換え、書き換えた。谷川じしんの研究も実際、その方向にすすみ、学界で同じ世代の激烈な反撥を招いて大きな論争になるが、その詳細は後述する。さしあたってここでは、湖南は「文化」で中国史・東洋史の時代区分をほどこすにあたり、「社会の構造」をあわせ考えていたことを意識しておけばよい。

『支那論』と唐宋変革

湖南の時代区分論は、京都帝大で同僚だった内田銀蔵や原勝郎ら、直接に西洋製の歴史学を受容した日本文化史家から影響を受けたものだというのが、いまやほぼ通説である。前者は江戸時代（近世史）、後者が足利時代（中世史）の専門。原には『東山時代に於ける一縉紳《しんしん》の生活』という名著もあって、やはり「文化」「生活」「社会」が一体化している。湖南はその所説を参照し、中国史をそれぞれの時代に分かって体系化した。

もっとも、時代区分という概念、区分の方法はそうでも、区分した日中それぞれの時代の内容は、もちろん同じではありえない。中国の時代を区分する基準となった湖南の「支那文化」概念の内実は、あくまでその頭脳と研究から発したものだった。中国の「文化生活」・「社会の構造」をそのなかに含んでいれば、いよいよそうならざるをえない。

湖南が学問的に中国史の時代区分を体系化したのは、『支那上古史』や「概括的唐宋時代観」など大学の講義・学術論文だが、その構想はつとに表明していた。ただし学問ベースではない。一九一四年刊行の時事評論・『支那論』という著作である。

この前後の中国は辛亥革命のあと、中華民国大総統の地位についた袁世凱《えんせいがい》が、自分に反抗的な国民党・国会の解散を命じて、共和制を骨抜きにしはじめたころにあたる。その政策を批判することが『支那論』の大きな眼目であった。

もっとも、単なる時評ではない。辛亥革命以来、めまぐるしく変わる中国の現状を正確にとらえるべく、過去千年の歴史から検討した著述であって、ほかならぬ唐宋変革が、その中核の論点をなす。

そこで一大転換をきたし、目前まで継続する「文化生活」には、政治社会の構造変化が不可分に作用している、というのが湖南の見立てだった。

「君主独裁」の政体が宋代に完成するとともに、中国は「平民」の勃興した社会に移行する。君主も人民も、貴族の専有物だった地位から解放された。独裁権をにぎった皇帝は以後、官僚機構を組織して社会を統治する。この官僚には科挙を通じて「平民」が任ずるから、理論上は政治と社会が有機的につながっていた。始まった時代・人々の意識・制度的な手段を異にしながらも、このしくみは近代国家と共通する面がある。当時の西洋・日本も、多かれ少なかれ参政権・議会を通じて、社会と政治が一体となっていたからである。湖南はそれゆえに、「君主独裁」政体と「平民」社会を中国の「近世」とみなした。

しかしそれだけではすまない。湖南は決して中国社会の「近世」的発展と西洋・日本の近代を同一視してはいなかった。かれの言を借りれば、中国の歴史こそが「真に順当にもっとも自然に発展したものであって」(「『支那上古史』緒言」『東洋文化史』)、西洋や日本のほうが「変則」であるから、日本や西洋を基準に中国をみてはならない。あくまで中国の史実とその文脈に即した立論なのである。

中国社会の「近世」

そこでまず『支那論』の一節を引こう。

何人でも其の生れた地方に於て官吏となることを許されない、必ず自分の生れた以外の地方で官吏をしなければならぬと云ふことになつて居る。渡りものゝ官吏の常として、其の任期の間だけ首尾能く勤めて、租税を滞りなく納め、或は盗賊も出ないと云ふやうなことで済めば宜いとしたのであつて、地方の人民の利害休戚と云ふやうなものは念頭に置かないのである。其弊害が積り積つて来て、……官吏を勤めて居る間に一種の金儲けをするのが、公然の秘密になつて居る。それで一期三年位の間に於て、一族が一生食へるだけの財産を蓄へると云ふことを目的として居る。（『内藤湖南全集』5）

「君主独裁」政体が組織した官僚機構は、もちろん「人民を治めない」のが本来あるべき姿ではなかった。しかし科挙という経書の暗記試験で任官する制度では、実地の行政に適した人材を養成、登用するのは不可能である。「渡りもの」というとおり、官僚が郷里・在地に根を張って割拠勢力にならないよう配慮した転任制度とあいまって、行政的に無能な地方官が増殖し、大多数をしめていった。早ければ一一世紀、王安石の新法が挫折した後、晩《おそ》ければ南宋からモンゴル帝国あたりで、それが決定的に不可逆な趨勢となる。

それ以後の官僚機構は「人民を治め」る機能を失い、「一種の金儲け」をする搾取機関に堕した。官僚と民間とのつながりは搾取する、されるの関係しかなくなり、政治は社会から遊離していったのである。それなら、民間社会はどのように暮らしていたのか。

……それが為め、地方の人民と云ふものは全く官の保護を受けると云ふ考は無くなつてしまつた。地方の人民に取て総ての民政上必要なこと、例へば救貧事業とか、育嬰の事とか、学校の事とか、総ての事を皆自治団体の力で為ると云ふことになつて来た。……甚しきは警察の仕事までも、各自治団体で自治区域の兵を養ふ。即ち多くは無頼漢に一方に職務を得させ、さうしてそれを以て又無頼漢を防ぐ方法を執つて居るのであつて、総ての政務と云ふものは皆地方の自治団体が自ら之を行つて居つて、其の上に三年に一遍交代して来る渡りものゝ官吏は、首尾能く税を納め、首尾能く自分の懐ろを肥せばそれで済む（『内藤湖南全集』5）

君主と官僚が構成する政治が、民間社会より遊離した存在になってしまったため、人々の生活にふれる民政の実体は、政府から隔絶した社会の側の「自治団体」にある。この「自治団体」は、地域・在地の名望家「父老」「郷紳」が指導する一種の共同体組織で、官と民の遊離がもたらした社会構造にほかならない。

湖南と中国の「改革」

湖南がこの趣旨をはじめて論じたのは、さらに十年以上も前の一九〇一年、『大阪朝日新聞』に連載した「清国改革難」という論説記事の一部である。

故に支那に在りて、生命ある団体を求めんとすれば、郷党組織以上に及ぶを得ず、是れ他の文明国が国民を以て生命ある一大団体とすると、大に間あり。其の生命、財産の保護の若《ごと》きも、郷党自ら之れを為し、或は勇〔義勇兵〕を募りて以て盗賊に備へ、或は義荘義学を設けて以て相資給するも、郷党の団体を以て急とせざることなく、郷党以外は尽《ことごと》く路人なり。（「清国改革難」『内藤湖南全集』3）

「近世（近代）」の西洋・日本なら、さしづめ「国民」にあたる「生命ある団体」は、中国では「郷党」にほかならない。それが国民国家の果たすべき役割を演じているというのであり、さきの引用と対比すれば、「郷党」が「自治団体」に相当する。別に「郷団」という称呼も使っていて、それぞれニュアンスに微妙なちがいはあっても、さす実体にほとんど変わるところはない。官僚・政府に必ずしも属さない自治団体なのである。

この論旨はおそらく当時、戊戌《ぼじゅつ》の政変で日本に亡命していた「改革」派・梁啓超《りょうけいちょう》の論文「支那人種の将来を論ず」に着想をえたものであろう。戊戌の政変とは一八九八年、梁啓超やその師の康有為らが中国ではじめた改革に反対する勢力の起こしたクーデタである。政争に敗れた「改革」派は、あらためて亡命先の日本を根拠地に、自分たちの主張をひろめようとしていた。梁啓超の論文も、まさにその一環である。

湖南は清末の学界、とりわけ改革派の議論に傾倒し、「自ら認めた弊害を救済する方法として、自ら案出した議論」に「奪ふべからざる権威を感」じて、怠りなく自らの所説にとりいれていた。「清国改革難」という新聞論説は、直近直截に康有為・梁啓超らの運動・主張を論評しているから、その点かなり見やすいものだが、「平生支那の先識者の著書及び意見に負ふ所少からぬ」という『支那論』

もその一成果だし、本章第1節に言及した章学誠への着眼もそうである。

梁啓超らの議論はいかに客観的に正しくとも、「改革」という自らの政治活動に資する目的があったから、中国人はもとより外国人もふくめた一般的な中国観、普遍的な学説にはなりにくい。しかしそれをとりいれた湖南の議論は、東洋史・時代区分という学問枠組のなかで、唐宋変革という学説に発展し、日本・世界の中国観・歴史観を規定するものとなった。そこに余人ではなしえなかった湖南の貢献があるというべきだろう。

『支那論』から『新支那論』へ

このように、湖南の中国「近世」論・唐宋変革は、いわゆる国家と社会の遊離という事象をその根幹とした。独裁君主・官僚機構が民間社会から浮き上がってしまった趨勢のすえ、三百年つづいた清朝・二千年つづいた皇帝制度が崩潰したのである。「自治団体」「郷党」に結集する「平民」社会の勢力が、そこに根強く存続している以上、もはや独裁制・皇帝制の復活はありえず、辛亥革命以降の政体は必然的に、「平民」社会を主体とする共和制でなくてはならない。これを湖南は「目下の支那の諸問題を解決すべき鍵」となる中国史「の潜流を透見」した、と語り、並々ならぬ自信をのぞかせてもいる。

しかしながら、ことは湖南の考えたように運ばなかった。袁世凱が一九一六年に歿してから、中国の混迷は深まるばかり、かれが期待を寄せた「平民」「郷党」を基盤とする共和制は、一向に実現しそうにない。かたや日中の関係も、一九一五年の二十一ヵ条要求以後、排日運動が盛んにおこって、悪化の一途をたどっていた。湖南がそうした情勢を憂えて、一九二四年に発表した時局論が、『新支那論』(『内藤湖南全集』5)である。

『支那論』から十年。その中国社会分析はほとんどかわっていない。国際関係と連関させて、より論旨を鮮明にしたくらいだが、当時の情勢であるから、おそらく反響は『支那論』をはるかに凌駕したであろう。ざっと要約してみると、以下のようになろうか。

中国は国家と社会が乖離し、政治が堕落の極にあって、社会のエリート・指導層が高尚な文化を担いつつも、低俗な政治を忌避している。これは歴史の古い中国でなくては起こらない現象だった。文明が遅れているからではない。かえって逆、「日本とか欧米諸国などの如き、其の民族生活に於て、支那より自から進歩して居るなどと考へるのは、大なる間違の沙汰である」。列強が政治軍事にすぐれるのは、歴史がなお「幼稚な」段階にあったからである。老成した中国は高級な学問藝術に専念し、低俗な政治は幼い列強に任せて一向さしつかえない。大多数の中国人にとってもそのほうが幸福にちがいなく、文化の遅れた日本の経済進出が、すでに中国の面目を変えつつある。

ところが、こうした歴史の経過とそこに由来する現状をわきまえない「新人」がいて、ナショナリズムを論拠に、排日運動をくりかえした。そんな愚行を、これまた中国事情にうとい新興のアメリカが指嗾《しそう》、煽動している。

そこで湖南の批判は、西洋理論をふりまわし、排日にいそしみ、結局は「政客」による中国政治をいっそう悪化させている「新人」に集まった。いわゆる「新人」とは、つとに述べた「青年支那《ヤング・チャイナ》」のことで、当時も今も評価が高い。けれども湖南は、「横議を逞し」くするかれらを「自国の学問の素養」「歴史的智識」「確乎たる根拠」がない、と露骨に嫌悪した。

この『新支那論』で、ジャーナリストとしての湖南は、いわば評価が確定した。戦前は日本の立場を代辯する「支那通」、戦後は中国ナショナリズムを理解しない侵略主義者。とりわけ戦後の批判は著しい。そうした点に関するかぎり、たとえば、矢野仁一とかわるところはなく、まぎれもなく石橋湛山が批判した「支那通」の典型だったといえよう。

湖南と矢野

そこで中核をなす論点は、やはり中国における国家と社会の遊離である。国家と社会とが一体をなす国民国家とは異質な構造であって、同時代の日本や西洋とかけ離れたところだった。湖南にせよ矢野にせよ、中国ナショナリズムを普通のナショナリズムとみなすことのできなかった最大の理由が、そこにある。

そうした中国社会の認識でも、湖南と矢野に異なるところはない。しかし前章第3節にみたとおり、直接に論争しなかったにせよ、同僚の二人のみかたは鋭く対立していた。

矢野は唐宋変革・中国の「近世」というコンセプトそのものに疑問を呈する。中国の現状を「説明」できない、という批判である。「貴族」に代わって「庶民」が「擡頭勃興」した「変革」などなかった。ましてや唐と宋のあいだで、それが起こるはずもない。

宋代において庶民が擡頭し勃興し、それで近代が始まったとすれば、明清時代から今日まで、庶民は勃興どころか、治者階級知識階級たる政治上の権力者の下に抑圧され、政治上社会上無権力無機会の地位に沈淪し、単に納税者、被搾取階級たる存在以外の何ものでもない状態になつてをることは、いかに之を説明すべきか。

「社会が政治と離れて居るといふことは」、湖南の『新支那論』がいうように「金元の時代を経て」生じたのではなく、「昔からさうであつた」(矢野仁一「支那の歴史における近代と古代」『動かざる支那』)。

では、国家・政治と民間・社会との乖離という現状認識を同じくする二人は、どこで分岐したのか。歴史的に中国社会を考えるには、そこに注目しなくてはならない。

矢野の社会論に存在しないのが、「文化」「生活」の論点である。かれはもちろん中国文化を愛好し、造詣も深い。しかしその文化とは儒教にほかならず、歴史をみるさいにはおよそ「王道」「徳義」に敷衍、もしくは収斂されてしまい、政治にほぼ一元化する結果となった。「徳治主義」「王道政治」という基本概念があったゆえんである。

矢野はそれに応じて、社会の内部構造には冷淡だった。「大家族制度」「土匪盗賊」の存在や機能に着眼しても、それ自体の内側にまで深い検討、論述をくわえたことはない。そのありようは「王道政治」から言及するばかり、いわば一方通行の立論だった。

さらに注目すべきは、かれが政治と社会の乖離を説く場合、必ず「士」と「庶」という概念を使っていることである。それぞれエリート・支配層と非エリート・被支配層を意味するが、史料そのままの原語にすぎず、その字面・概念の内実に立ち入った考察・議論は、矢野の著述にみあたらない。上の引用では、湖南のいわゆる「平民」を「庶民」といいかえ同一視している。それはしかし、湖南の所説に対する正しい理解、批判とはいえまい。

湖南の論法

湖南は「士」「庶」という術語概念を、おそらくあえて使っていない。その漢語を知らないわけはないから、たとえ同じ「士《エリート》」という字面でも、その内実は時代によって異なるため、別の用語で説明を要すると判断したのだろう。以下は『新支那論』の一節。

宋代以後はこれが更に君主専制政治とかはつてしまつた。尤《もつと》も此の君主専制時代には中間階級たる「族望」が無くなつたが為めに、君主と民衆との接近を来たして、政治が民衆の為めに機会均等に与へられる状態となつたが、然し其の時は即ち機会均等なる民衆の中から一種の政客階級を生じて、之が政治を独占すると同時に、其の機会をつかまへ得ることの出来ない多数の政客候補者は、……主として学問藝術に向つて全力を傾けることになつたので、それ以後支那の政治は政客階級に委かせ切つて、多数の支那民衆の中で文化階級なるものが出来て、それが即ち支那の国粋ともいふべき学問藝術を握ることになつた。(『内藤湖南全集』5)

「君主専制」は「君主独裁」、「族望」は「貴族」、「民衆」は「平民」と読み換えればよい。湖南はその「民衆」＝「平民」が「勃興」した「近世」社会を決して固定不変のものととらえない。君主との「接近」・「機会均等」から「政客」と「文化階級」の分離へ推移した、と動態的に把握する。だから「平民」は、決して「庶民」とひとしくはない。「士《エリート》」も「庶」も含んだ概念なのである。またその「士」も一枚岩ではなかった。「士」「庶」という漢語でわりきるだけでは、中国社会を歴史的な動態として分析しきれないのである。

それでも、矢野の批判は決して無視できない。というのも、湖南は自らとなえるこの「平民」「民衆」の変遷を、歴史として描いてはいないからである。そもそもかれは「それ以後」の「明清時代」をつきつめて研究しなかった。かれにとって、明代はつまらない歴史であり、清代はなお時論の対象にほかならない。上に引いた趣旨は、ついに体系化されなかったのである。

「唐宋変革」をとなえる湖南の「平民」と「明清時代」を専門とする矢野の「庶民」。両者が堂々の論戦を挑んで、議論が深まっていたとすれば、中国社会の解明に思いもかけぬ生面を開くのも可能だったかもしれない。

第四章

橘樸——「ギルド」と中国社会

橘樸（『橘樸著作集』第一巻（勁草書房）より）

1　中国社会を評価する

晩年の湖南

内藤湖南は京都帝国大学を退官した昭和二年八月、瓶原恭仁山荘《みかのはらくにさんそう》に隠棲する。すでにジャーナリストとしての高い知名度にくわえ、「支那通」・帝大教授の名声・権威もそなえたかれの許には、つねに来客が殺到した。都会の喧噪を離れて隠棲したのも、朝野を問わず、引きも切らない来訪の煩わしさを嫌ったためである。それでもみな、はるばる足を運んできた。関西線の小さな駅に、山荘を往復する人力車が待ち受けていたという。

かれの言説は当時、それほどに影響力があった。アメリカの学者が「パブリシスト（公論を担う人士）」と呼んだ（フォーゲル『ポリティックスとシノロジー』）ゆえんである。

隠棲から逝去まで七年、純然たる学問の上でもまた、代表的な業績は少なくない。『日本文化史研究』を増訂したり、「近代支那の文化生活」の講演をおこなったり、古典学に関わる論文集の『研幾小録』『読史叢録』をまとめて、弘文堂から出版したりした。

京都帝大では、湖南の薫陶を受けた門下がおびただしい。とりわけ中国学に関わる湖南の学統は、のちに「京都学派」とよばれた。同じ称呼でも、西田幾多郎らの哲学とはまったく別ものなので、注意されたい。そこでは「唐宋変革」論もうけつがれて、宋以後「近世」論がいわゆる「京都学派」の代名詞になる。それは東洋史学でも中国文学でも中国哲学でもかわらない。

湖南はこと中国理解に関しては、このように善くも悪しくも、巨人であった。生前も歿後もそうである。言説・著述が戦後に少なからず批判を受けてきたのも、そのあらわれとみなしてよい。

しかしそうした評価で、すべてをつくしているかといえば、必ずしもそうではない。たとえば、ひとつあげられるのは、湖南と「満洲国」とのつながりである。そこに着眼する議論も少数ながらあるので、それによりつつ、一瞥を加えておこう。

その評価と中国社会

湖南と「満洲国」は決して浅い関係ではなかった。かれは日満文化協会の理事になり、その設立のため、逝去の一年前、「満洲国」に渡航し、執政の溥儀《ふぎ》や国務総理の鄭孝胥《ていこうしょ》とも会見している。だから、協力しなかったわけではない。

そうはいっても、湖南は同僚の矢野仁一ほど、コミットしていないし、日本の行動には批判的ですらあった。「満洲国」建国のときも憂慮を吐露し、その国是たる「王道」は「空言」で、具体的な実質に乏しい、と指摘したのに加え、軍部に対しても、むしろ手を引くようにすすめた時もある。

執政溥儀の皇帝即位にも反対だった。かつて『支那論』で明確に中国の共和制を支持し、民国六年の清帝復辟も非難していたから、それはむしろ当然の態度表明だったのかもしれない。現在からみても、その憂慮は正鵠を失っていないだろう。

そこで大方のみかたは、こうなる。湖南は「満洲国」には、本音では反対していた。けれども羅振《らしん》玉《ぎょく》ら、湖南と親交のあった清朝の遺臣も参画したし、またその種の文化事業に主導的だった東京の学界に、対抗意識もあった。そこで心ならずも協力した、というわけである。

もっとも、そのようになお肯定的な留保ができるのは、湖南本人がまもなく逝去するからである。矢野ほど長寿を保って日中戦争、大戦、そして「終戦」を迎えていたら、どう身を処していたであろうか。

とりわけ『新支那論』に顕著な湖南の所論は、社会の構造からみて、中国の政治は外国人、とりわけ日本人に任せて可とするものだった。したがって政策方針だけでいえば、たとえば矢野と変わらない帝国主義的な言説にほかならず、論理的に「満洲国」や中国「侵略」の全面否定とはなりえまい。湖南の評価が分かれるゆえんである。

しかもそうした中国社会に関する言説は、学問世界《アカデミズム》で尊重され、現在まで継承される「唐宋変革」論とも、実は無関係ではないこと、すでに述べたとおりである。それならいま考えるべきは、かれの中国社会論がいかに評価を受け、また承け継がれたか、という問題ではなかろうか。

それは今にいたるまで、湖南の行蔵や学統に比べ、必ずしも大方の注意を惹いてこなかった。しかしながら、かれをはじめとする中国社会論がたどった軌跡を追うことは、おそらく日本人の中国観の特徴と推移を考えることに大きく重なるだろう。決して軽んじてよい問題ではない。

「評論家」橘樸の登場

『新支那論』は湖南なりに考え抜いた、嶮しい時代の処方箋であった。一九三八年五月、『支那論』と合冊で創元社から再刊されたのも、日中戦争がはじまったことと無関係ではあるまい。息子の乾《けん》吉《きち》・戊申《しげのぶ》の序文に「十数年後の今日、幸か不幸か我々はその予言の的中せるを見た」とあって、当時はそれなりの支持と要望があったとみるべきだろう。しかしいまからみると、ネガティヴな評価が勝っているため、湖南の言説がリアルタイムにどんな評価をうけていたのかは、かえって見えにくくなって、よくわからない。

そんななか、『新支那論』の初版が出てまもなく、いちはやく論評をくわえた人物がいた。橘《たちばな》樸《しらき》（一八八一～一九四五）である。

かれはとりわけ、「アナキズム」の影響を受けた「アジア主義」者として著名な人物である。浩瀚な著作集もあれば、評伝はじめ、専門的な研究も少なくない。本書でその生涯や思想を全面的に、立ち入って述べる必要はなさそうである。湖南ひいては日本人の中国観に関連してくる特徴的な一面に、あらためて光をあてるにとどめよう。

橘は大分県生まれ、職業は湖南と同じジャーナリスト、およそ十五年の後輩になろうか。早稲田大学を中退したのち、数え二十六歳のとき中国に渡って以来、ほぼ一貫してそこに滞在し、『遼東新報』『京津日日新聞』などに健筆をふるった。

しかし単なるジャーナリストではない。眼前の時事を追いかける新聞記者よりも、中国の本質を究めようとした研究者といったほうがふさわしく、そうした資質・業績でも、湖南と通じるところがある。

ただし橘本人はあえて、「支那社会を対象とする評論家」と自称した。「支那学者」ではない、という（『職域奉公論』）のであり、そのあたりが湖南ときわだって異なるところである。

「支那通」と日本人

なぜ「支那学者」では、不可なのか。その多くは、往々にして世上から「支那通」と称せられた。湖南も同じである。橋が許せなかったのは、ほかならぬそうした存在であり、いわゆる「支那通」を公の文章で露骨に嫌忌し、否定した。

支那智識の豊富な所有者を俗に支那通と呼びならはし、世人は一面に之を重宝がり他面に之を軽侮して居るのであるが、支那通の軽侮を受ける理由は、彼等の経済的及び道徳的缺陥を別とし、其の表藝たる支那智識の内容の非科学的な為であつて、即ち所謂身から出た錆であつて決して彼等を軽蔑するところの世人の罪では無さゝうである。譬へば、所謂支那通の豫言は第一革命以来越中褌と同じく、必ず向ふからはづれるものであると云ふ洵に不結構な折紙をつけられて居る。

「越中褌」といわれても、今のわれわれには、その「はづれ」具合の感覚はわかないが、とかく「支那通」はあてにならない、という世評は、第三章第1節でみた湖南の講演にもうかがえて、けだし実情だった。

その理由は橘にいわせれば、かれらの「智識の内容の非科学的な為」である。その内実として、「彼等の持つ支那智識そのものが凡て断片的であつて……聴者の頭で適当に取捨及び統一を与へぬ限り殆んど実際の役に立たぬ」と断じた。

「支那通」ばかりではない。橘は「日本人一般」も、「支那に対して先進者であると云う事を無反省に自惚れて」、「支那人を道徳的情操の殆ど全く欠乏した民族であるかの如く考へて居る」とみていた。「没常識」「誤謬」「偏見」が蔓延していたのであって、それは「支那通」を典型とする、「断片的」で体系を欠いた中国理解の方法から生じている。それを変えねばならぬ、と考えるのも当然、そこでかれが提唱したのが、いわゆる「科学的方法」である。

以上に引いてきた文章は、いずれも「支那を識るの途」という論文の一節。一九二四年一二月、かれ自ら編集刊行した学術誌『月刊支那研究』の創刊劈頭を飾り、そのものズバリのタイトル、日本人は誰も中国を識らない、と訴える内容だった。かれの自負と志向がよくあらわれている。おそらくその最も主張したかったくだりを引こう。

　我々は所謂支那通から離れて全く別な方法をとり、其の方法に添ふて支那智識を吸収する外無いのであるが、然らば此の新らしい方法とは抑も何であるか。一言にして之を尽せば科学的方法である。即ち前にも一寸述べた様に、支那人を研究するには人種学とか心理学とかの方法に依り、支那社会を研究するには諸社会科学の指示する方法に従ふのである。

そんなかれも、「所謂シノロジーの純学術的研究には京都帝国大学が先鞭を着け、支那学と題する機関雑誌を発行しつゝある」といって、こと湖南らの「支那学」にかぎっては、それなりに敬意をはらっていた。では、いわゆる「科学的方法」と湖南の所説とは、いったいいかなる関係にあったのだろうか。そこに『新支那論』に対する橘の書評を考察するゆえんが存する。

「新支那論を読む」

くだんの書評とは、一九二五年二月刊の『月刊支那研究』第一巻第三号に掲載された「支那は何うなるか――内藤虎次郎氏の新支那論を読む」である。五十数頁にものぼる長編なので、われわれのイメージする書評からはかなり遠い。さながら大論文の風格である。

橘はどうやら、湖南のファンだった。唐宋変革もみのがしていないし、ほかの論考でも、『支那論』とその時代区分論を使って、中国の「革命史」「社会史」「社会革命」の叙述を試みている。関心は『新支那論』にとどまるものではなかった。自らは読んだ湖南の著作は『新支那論』のほか、『諸葛武侯』『支那論』の「三部に過ぎない」というけれど、おそらく謙辞である。最も大きな影響を受けたものをあげただけ、とみるほうがよい。

この書評もずいぶん讃辞が目につく。「正確なる見解」「千古の鉄案」といい、あるいは「満腔の賛意を表する」、「私自身の考へも大体に於いて内藤氏のそれと一致して居る」と自分の見解との一致を述べ、「支那学者の最高権威たる内藤氏の意見と吻合したことは私の最も欣快とするところ」と後進の慎みも交えつつ、すこぶる高い評価を表明している。

では、手放しの讃歎かといえば、そうではない。よく読んでみると、むしろこのように褒めるところは、自身の見解をきわだたせ、かつ説得力をもたせるために弄したレトリックのようにも思える。

愛読者と批判者とは、往々にして一身に両立しうる。必ずしも矛盾した存在ではない。というより、有効な批判をするには、その対象の文章を愛読といえるほど読み込まなくては、そもそも不可能であろう。ファンとは時に最も辛辣な批評家、湖南に対する橘も、おそらくその例に漏れない。

『新支那論』のうち、橘が最も重視し、多くの紙幅を割いたのが、湖南の中国社会論、「郷団自治」の論点である。かれの関心の所在も持ち方も、そこをみれば足る、といっても過言ではない。

「郷団自治」の風が盛んになつて来たことを近世政治史の特徴であると述べて居る。之れは確論であるが只民衆の郷団自治を促した原因として今一つの一層重大なる方面、即ち郷団自治の積極的意義を明かにしなかつたのは遺憾である。

「確論である」といいながら、「遺憾である」のだから、これは明確な批判にほかならない。湖南は「郷団自治」という事象を明らかにしただけであって、その「原因」「意義」、いいかえれば、できあがってくるプロセスとその位置づけが不分明だと断じた。

批判と駁論

もちろん橘じしんに、何の定見もなかったはずはない。というより、「郷団自治」に関わる湖南の所説を手がかりに、かれの思い描く中国社会像を示すのを目的としていたとみるほうが、肯綮《こうけい》に当たっていよう。橘はいわゆる「意義」をこう語る。

それは何かと云ふと社会の経済的及び文化的進歩に促されて中産階級の実力と自覚と、従つて其の団結心が発達して来たことである。郷団自治の組織は地方の中産階級者が彼等自身の力によつて、政客の遊戯から起る損害を防止することを目的に起つたものである。内藤氏は此の組織が元以後著しく発達したと云ふ歴史的事実の形式に重きを置き、支那の多数の歴史家と同様に元なる異民族の幼稚な政治方法を回避し或ひは補充する為に、其の時代から急速に進歩したものであると見て居る様であるが、それよりも一層重要な原因は唐の中葉迄に完成した国民経済組織の社会的及び政治的効果が其の後数百年を経て、郷団なる社会の根本組織の上に発現したと解釈すべきではあるまいか。

湖南の説を全面否定しているわけではない。しかし「支那の多数の歴史家と同様」と断じたところが、ポイントである。それはいわゆる「支那通」的、つまり「非科学的」な思考と論法にほかならない。そうした理解をしりぞけているのは明白である。

では、しりぞけて、どうするのか。それに代えたのが、「中産階級」や「国民経済組織」など西洋的な術語概念を駆使した立論であり、ここでは「其の団結心の発達」や「階級闘争」という現象に結びつける。ほかの文章にも、「階級意識に目醒め」るとか、「デモクラティックな色彩を看取」できるとかの表現があって、そうした概念・論点から、「環境の相違に関係なく」「適用せられるべき原則」に論旨を収斂させていった。ここに「科学的」と称した、かれの思考・論法の顕著な特徴をみることができよう。

「科学的方法」とは

典型的なのは「デモクラテイツク」など、西洋の概念を直截にカタカナ語で用いるところ。橘は別の文章で「郷団自治」をこう言い換えている。

プチ・ブルジヨアの政治は、純粋に彼等の手で創造せられ且つ運営されたもので、中央及び地方政府は徴税以外に彼等の政治と関係なく、寧ろ政府や官僚の圧迫及び搾取に対抗することが彼等の政治の主要目的の一つであつた。プチ・ブルジヨアの政治とは申す迄もなく、ギルドの形式に於いて行はれたそれである（「支那人気質の階級別的考察」『支那思想研究』）

上の引用文の用語でいえば、「プチ・ブルジヨア」は「中産階級」、「ギルド」は「郷団」の言い換えであって、語っている対象は、あくまで中国社会である。けれども、これだけ倉卒に読めば、西洋史の論述とみえかねない。しかり、橘のいうところの「科学的方法」とは、西洋社会およびその歴史という「普遍的」な軌道にのっとって、中国社会の来し方・行く末を考えようとするものだったのである。

そのために同じ「郷団自治」「支那の政治」を扱っても、中国を最も「自然」、西洋を「変則」とみなす湖南とは、およそ百八十度「正反対」の異なる評価となった。以下の叙述が典型であろう。

併《しか》し支那に発生した政治現象が支那特有のものであるとは云はれない。欧羅巴でも少くも十八世紀の中頃迄は其の本質に於いて支那と全く同一な政治が行はれたのである。即ち西洋のデモクラシーも矢張り歴史進化の産物なのであり、支那の政治とても決して今日の儘に凝固し停滞するものではなく、私共から見ると内藤氏の考へとは正反対に、支那の政治は欧羅巴のそれに比して一世紀か一世紀半程進化の度合いが遅れて居る、換言すれば支那の政治は老い過ぎたどころではなくして寧ろ若過ぎるのである。

『新支那論』は中国の歴史を老成、西洋・日本を幼稚とみなした。橘はこれに真っ向から、異をとなえる。中国を「若過ぎる」、「進化の度合いが遅れて居る」とみた。かれにとって、中国は「中世的農業国」(「支那の輿論」『支那思想研究』)にすぎない。これがいわゆる「科学的」分析の必然的な帰結だった。

「遅れ」た中国。けだしそれは、橘だけの理解ではあるまい。同じ認識・結論に達した日本人はおびただしくいたはずで、かれほど深く中国社会を調べ知らなくとも、それは可能であったろう。かれが唾棄する「支那通」も、例外ではあるまい。

けっきょく橘が「支那通」を「非科学的」とバカにしたのは、西洋の学問に通じない、あるいはその概念を使って立論しないからであった。欧米由来のカタカナ語を駆使し、西洋理論を引用すれば「科学的」という。しかしそれなら、同じ外来の漢字がわかり、漢文を読めれば「智識の豊富」を称する「越中褌」の凡俗な「支那通」と、思考方法・精神構造でほとんどかわるところはない。

愛読する湖南に対しても、そこはおそらく同じであった。橘は中国史に関わる湖南の識見に満腔の敬意を払ってはいても、折にふれて使う西洋知の概念は、かなりこまかくあげつらっている。たとえば「企業論」における「株式組織」の不可能や「家族制度」における「進歩した共産的」などの評言に対して、「詮索不行届」、「驚くべき独断」などと批判した。それが正しいかどうか、今日から見れば、けだし再考の余地があろう。

それなら、こうした橘の思考法は、同時代にいかなる位置をしめ、どのように作用したか。中国社会の現状認識では、かれもくりかえし見解の一致を述べたとおり、湖南との隔たりはない。ところがその方向性が逆であれば、当然その評価と展望、そして構想する施策も違ってくる。それはやがて、「支那通」・湖南とは異なる「満洲国」への姿勢となってあらわれるのであった。

2　「方向転換」――「ギルド」から「農民自治」へ

「ブルジョア革命」と「社会主義」

橘樸《たちばなしらき》は『新支那論』書評で、「中産階級」「ブルジョア」概念を駆使し、それを「中心」とする中国の「社会」構造を描き出した。

一方にブルジョア革命の可能を主張する私が、同時に社会主義社会のプリンシプルたる平等及び「働かぬ者は喰ふべからず」と云ふ思想を根柢とする新文化が近き将来の支那社会に実現されるであらうと主張することは、決して矛盾でないと考へる次第である。

以上はその末尾の一節。かれは中国社会の過去と将来を西洋思想、とりわけ「社会主義」への展望でとらえたのである。

世は大正デモクラシー。さまざまな政治思想が、ようやく自由かつ本格的に流行しはじめたころ、その最先端が無政府主義や社会主義である。俗に「大正社会主義」とよばれる思想潮流も存在し、ジャーナリストとしての橘も、どうやらその埒外ではなかった。

かれが「天津の如是《によぜ》閑《かん》」と異名をとったのも、そこに起因するのかもしれない。長谷川如是閑は周知のように、大正デモクラシーの旗手、当代国内随一のリベラルなジャーナリストであり、社会主義の影響を受けていたことも疑いないからである。その意味で、橘はまぎれもなく、時代の子だった。そしてかれのいう「科学的」な中国社会像も、その範疇のなかにあったのである。

橘は「郷団」と「政客」の対立という内藤湖南と自説が「吻合した」と断じた。しかし同時に、湖南がおよそ使っていない「階級闘争」という「社会主義」の概念で、その動態を読み換えている。

> 即ち政客と郷団自治組織との対抗は私の用語によれば支配階級たる官僚階級と被支配階級の一部たる中産階級との間に行はれるところの、意識的或ひは無意識的の階級闘争であると云ふことになる。

「此の階級闘争」こそ、橘の「全支那観の骨子を成すもの」だった。以後の言動も、それが一貫して

「骨子」、基軸になっていたことは、どうやらまちがいなさそうである。

「民族運動」と「階級闘争」

その観点からすると、『新支那論』の書評発表からそう時を隔たらずにおこった、いわゆる五・三〇運動に対する論評が注目に値する。五・三〇運動とは、一九二五年五月三〇日、上海のデモに租界警察が発砲し、学生・労働者に死傷者が出た事件をきっかけに、各地であいついだ暴力的なデモ・ボイコット・ストライキを指していう。中国はこれをきっかけに、国民革命が大きく進展し、蔣介石の統一に向かったので、歴史的な一大転機ではあった。

『新支那論』で「新人」をこきおろした湖南は、五・三〇運動に対しても否定的な見方を示した。デモはもとより、「排日」にいそしむ「支那学生」、すなわち「青年支那《ヤング・チャイナ》」を、日本の明治維新の「志士」になどなりえない、と切って捨てたのも、このときである。もとよりそこに、新しい時代の萌芽などみていない。

それに対し、橘はこの事件を「民族運動」だと高く評価し、中国を完全に対等の国家として取り扱うべきだとうったえ、日本に反省を求めた。というのは、「西洋の近代に発達した政治学から見ると」、中国はいわゆる「国家の諸条件」を満たしていないけれども、いずれは世界標準の「近世国家を建設するに足る」とみたからである（「支那近時の民族運動及上海事件の思想的背景」『月刊支那研究』第二巻第三号）。

こうした点、「吻合した」中国社会像を描いたはずの湖南と、実に鮮やかなコントラストをなす。

同時代では、すでにみてきた石橋湛山や吉野作造らのほうにむしろ近い。その根柢には西洋思想、「社会主義」があって、「諸社会科学」と標榜した思考法・認識法が、揆を一にするからである。橘がバートランド・ラッセルを評価、推賞していたことからも、それはうかがえよう。

もっとも、まったく同じではない。こうした運動に関する石橋あるいは吉野の議論は、「青年支那」の言動をとりあげるにとどまり、極論してしまえば、類似現象の比較、アナロジーである。そこに「民族運動」を中国社会の全体構造から解き明かそうとする志向はみえない。その点では、「支那のことを研究するつもりにもならず、支那のことは全く分らなかった」という吉野の言（「支那問題に就て」『中国・朝鮮論』）も、あながち謙辞ばかりではなかったとみられる。

それに対し、橘はかの魯迅をして、「僕たちよりも中国のことをよく知っている」といわしめたほどの人物である。また「支那社会を対象とする評論家」を以て自任していた。そんなかれは、「青年支那」にあまり関心を向けない。一部の「青年」ではなく、むしろ中国全体の社会構造とその動態から、「民族運動」を説明しようとした。

数年来「中産階級」のあいだで「民族政治」に対する関心が高まり、近世初頭のヨーロッパ商人と同じく、「階級意識」に目覚めてきた、というのが橘の説明である。そこから展開する「階級闘争」が、「民族運動」の基軸をなすから、中国に近く来たるべき「革命」とは、このような「階級闘争」「民族運動」を通じた「ブルジョア革命」になるはずだった。つまり、かつてヨーロッパでブルジョアジーが近代の幕を切って落としたように、中国でも「中産階級」の「闘争」が、近代国家を作り上げてゆく、というヴィジョンであり、その先に「社会主義」がある。

「社会主義」と「ギルド」

それなら、その「中産階級」の行動は、社会構造としてどのように説明できるのか。橘にとって目前は、「中産者の全階級聯合」へ向かう段階だという。

彼等の実生活に取つて必要な組織は今日迄ギルド又はそれの小規模な聯合に過ぎなかつたが、階級意識に目醒めた後の彼等としては、到底それに満足して居ることが出来ない。そこで彼等は職業別的聯合から産業別的聯合に進み、地方的聯合から全国的聯合に移り、更に商工業プチ・ブルジョアの聯合から農業プチ・ブルジョアをも含んだ中産者の全階級的聯合に進み入らうとして居る。(「支那人気質の階級別的考察」『支那思想研究』)

そもそも橘が「中産階級」を最も重視し、「ブルジョア革命」の展望を抱いたのは、それが中国社会の「中心」を構成し、なおかつ「闘争」に最も適した「階級」だったからである。かれらは政府・官僚の搾取に対抗するため、かれら自身の手で政治を創造し運営していた。その「闘争機関」「自治組織」が「ギルド」である。いまや「中産階級」は、その「小規模な」「職業別的聯合」にあきたらず、都市から農村に及ぶ「全国的」「全階級的聯合」へすすむ、という見立てだった。

ギルドとは周知のとおり、中世ヨーロッパに存在した商工業者の同業組合である。橘はそれを中国の社会構成をいいあらわすのに最適な概念として用いた。かれが湖南の「郷団自治」に関心を有し、注目した理由も、そこに存する。

それは自任するとおり、単なる「物好きや知的欲求」ではなく、「政治目的」をもつ「評論家」のまなざしであった。そんな橘の眼からみれば、湖南の「郷団自治」論では、なお慊《あきた》らない。その性格や「機能」が不分明だったからである。かれはむしろ、自らの方法で「ギルド」論を鍛え上げて、「支那社会」の動態と行く末を理論づけようとした。

その基本的な観点は、

其の単位であり且つ最も重要な機能を有するものは幇及び公所である。此等は中世欧羅巴のギルドと同じ性質のもので、従つて所謂近世的国家の成立を俟ち、それの職分を国家に委譲して亡び行くべき運命を持つ……（「支那人気質の階級別的考察」『支那思想研究』）

とあってわかりやすい。「幇」「公所」は中国の同郷同業組合のことで、「ギルドと同じ性質の」その「職分」とは、橘によると、たとえば「デモクラチック」な「規範」や「法治主義」であった。だから「幇」「公所」＝「ギルド」が「亡び行」けば、やがては欧米・日本と同じ「近世的国家」になる。まさに西洋史のアナロジーであって、現段階はまだ「若過ぎる」のが、橘にとっての中国社会なのであった。

もっとも、湖南のいう「郷団」と橘のいう「ギルド」とは、まったくの同一物ではない。「郷団」はいまの術語でいえば、農村の郷紳や宗族を念頭に置いたものである。しかしもちろん、湖南が都市を閑却していたわけではない。そこでの同郷同業団体も、むしろ「郷団」と同質のものとして含めている。いわゆる「郷団」とは、したがって都市・農村を問わず、社会の基層を構成した中間団体とみるのが、むしろ適切だろう。

それに対し、橘はいわゆる「ギルド」に農村の「家族団体」をふくめていない。「中世的農業国」たる中国の「商工業者の各種団体」に限っている。というより、西洋流に「ギルド」と表現、定義した以上、なかば自ずと、そうならざるをえない。

かれは中国社会の来し方・行く末を「社会主義」の規準でみようとした。かつそのさい、都市の「ギルド」を中核的な論点にした。けだしイギリスを中心に流行していた「ギルド社会主義」思想の影響を強く受けていたからであろう。

「王道」

大正デモクラシーの基本思潮は、前代の資本主義への懐疑である。「社会主義」「アナキズム」への傾斜も、そこに発していた。やがてそれがマルクス主義の隆盛を導くのは、周知のとおりだろう。「社会主義」を信奉していた橘は、もとよりこうした傾斜を帯びていた。しかしかれは、「中国をよく知っている」という点で、余人とはるかに異なる。かれが「社会主義」を主唱しながら、マルクス主義へ向かわなかったのも、それが一因ではないだろうか。

では、その行き着いた先はどこか。「王道」だった。橘はすでに一九二〇年代のはじめから「王道」を語っており、体系的な政治構想として示すのが、ちょうどその半ばである。

橘は五・三〇事件を「民族運動」と定義し、日本の「反省」を求めたのとほぼ時を同じくして、

「日本に於ける王道思想」（『支那思想研究』）という一文を公にした。三浦梅園の『玄語』を材料に、西洋の政治経済思想を凌駕する東洋思想の存在をうったえた文章で、「王道」が「永久」に西洋も東洋も包摂する「人類社会」に適用できる普遍性をそなえていると説く。

三浦梅園といえば、内藤湖南がつとに富永仲基・山片蟠桃とともに称揚した江戸時代の天才学者である。橘が梅園に注目したのも、ことによると、湖南の影響かもしれない。

もっともこの論文の特徴は、梅園を哲学者とみなして「王道」思想を紹介、解説、称揚するにとどまらず、どうすれば「王道」が実現できるか、その具体的な実践方法を論じたところにある。それはかれが最も関心をよせる中国社会への処方箋でもあった。

王道政治の特色は地方分権により民衆に直接して効果多き温情主義的政治を行ふにある。……官僚政治とコントラストを成すものであり、同時に資本主義的法治主義の行はるる近代国家とも正反対の立場に立つ……

そのキーワードは「地方分権」、「民衆に直接」である。

資本主義・帝国主義がゆきづまったのは、民衆と乖離した「近代国家」の「中央集権主義」にあるとみた橘は、「マルクス派」「レーニズム」の社会主義も「中央集権」では同断なので、同調できなかった。「秦漢以来の支那」や「明治以来の日本」もその例外ではない。

ところが「世界の大勢」は、すでに「中央集権主義の下り坂」を示していた。西欧では「フランスのサンヂカリスト」や「イギリスのギルド社会主義者」の「地方分権」主張に、それがあらわれている。かれが中国で「ギルド」の存在に着眼したのも、そうした観察によっていた。「民衆に直接」した「善政」に導く「地方分権」こそ、かれの理想であり、それを「王道」政治という表現でいいあらわしたのである。

この点が橘独自の思惟であり、同時代の政治経済学者とも「支那通」とも異なるところである。資本主義への懐疑では吉野・石橋に近く、中国への造詣では矢野・湖南に劣らない。それらをあわせもった結論が、「王道」と「分権」と「ギルド」の結合だったのである。この思惟が昭和のかれを決定づけた。

「農民自治」と「方向転換」

昭和に入っての中国は、国民革命の時代である。同時代に生きた橘は、この「革命」を凝視しつづけ、ついに絶望した。

「商工業」の「ギルド」を基点として、そこから「農業」へ、「ブルジョア」だけではなく「プチ・ブルジョア」もふくんだ「全中産階級」の「闘争」になって、「革命」が起こり、最終的には「社会主義」を実現する、というのが、大正末年にかれの描いていたシナリオだった。だが眼前にくりひろげられた国民革命、かくして生まれた南京国民政府はどうか。それは「資本家地主の政治的代辦《ママ》者」にほかならず、「その小市民性はブルジョアジーの勢力の発達と反比例して次第に凋落した」。

そこでかれが憂慮したのが、とりわけ国民政府の農民政策である。「貧農乃至小作農の福利に直接又は確実に寄与すると考へられるものは見当らない」。そのすべては「地主及び富農の利益を計」るものだった。

> 農民が若し政治手段に訴へやう《ママ》とすれば、彼等は国民党に行くか、或は与へられたる自治組織に頼る外ない。然るに国民党及び与へられたる自治組織は、資本家及び地主のためのものであつて、決して貧農又は小作農の味方ではない。

この情況を橘は、「貧農と赤色勢力との接近」「と相表裏」する「国民党及び地主富農のファッショ化」だとまとめた。かれのみるところ、もはや農村にまで「自治」も及ばなければ、その「組織」化もありえない、という展望しかない。国民革命とは都市の「ブルジョア革命」ではあったかもしれないが、農民「の福利」を置き去りにする、既成の資本主義的「近代国家」の二の舞になるだけのものだったのである。

以上は一九三一年八月・九月刊行の『満洲評論』に出た文章の一節である。つまり満洲事変の直前に書かれたものであって、ここから「満洲国」支持に走った、「右傾」ともいわれるかれの「方向転換」の動機がうかがえる。

「満洲国」へ

「満洲国」はすでに述べたように、その建国理念として「王道楽土」を標榜した。中国での社会「革命」に絶望した橘は、自ら抱懐する理想を実現する場として、その「王道楽土」に惹かれたのである。

将校団の現在の指導精神とは其の基調を異にするが、併し或る地点までの頼もしい同行者として、この新勢力に期待するところ頗る深いものがある。（「私の方向転換」『満洲評論』第七巻第六号）

これはかれが一九三四年に語ったもので、「方向転換」の理由として必ず引用される文章である。「基調を異に」し、「或る地点まで」でしかないことに注目しなくてはならない。ともにとなえる「王道」とはいえ、当局のスローガンは橘にとって、あまりにも空疎だったであろう。かれはその空疎な革袋に、自分なりの美酒を注ぎこもうとした。

その「王道の実践」として、橘はまず国民政府が置き去りにした農民の「自治」を掲げた。その「農民自治」は「職業自治」より生じる。いずれも中国社会の根幹をなす「ギルド」から演繹したものだった。

農民自治の組織原理は、これを要するに職業自治に外ならぬ。……同じ原理が前資本主義時代の商業及び手工業社会に適用された場合には各種のギルドとなり、更にそれが非資本家的立場から近代工業社会に適用される場合には、或ひはフランスの組合サンヂカリズムとなり、或ひはイギリスのギルド社会主義ともなり、或はアメリカのI. W. Wとなる。故に吾々の一標語たる農民自治の全幅的なる意味は、単に本来の意味での農民自治のみならず、抽象され且つ拡大された意味での農民自治即ち職業自治を含み、農業社会と工業社会、農業国家と工業国家との間に職業自治と云ふ一貫した組織原理を与へることに依りて、両者の運命的なる対抗を解消したいと云ふ願望をも併せ含む次第である。(「国家内容としての農民自治」『満洲評論』第三巻第三号)

こうした「農民自治」を「県自治」「地方分権」にまで高め、「軈《やが》て国自治にまで拡大されることにより王道政治の完成に至る」というのが、橘にとって「満洲国」の「国家内容」だった。この意味で、橘の中国社会の「革命」構想は、一九二〇年代から「満洲国」にも一貫していたわけである。しかしそれは、ついに虚しかった。もはやこちたき論証は必要あるまい。山室信一『キメラ』(中公新書)の印象的な叙述を拝借する。

関東軍によって王道楽土がクローズ・アップされ、大いに活用されていくのと対照的に、橘が最も重視し王道と一体不可分のものと考えていた国家内容としての農民自治、分権的自治国家という論点は国家の制度化の中できれいに削ぎ落されていった。……
橘はその出発点において立脚すべき場所を違え、同行すべからざる者と行をともにし、同じ言葉にまったく異なった意味内容を読みこんでいた……

橘の末路にかぎっていえば、引用につけくわえることは何もない。かれにかくも悲劇的な結末をもたらした、誤った「出発点」とは、しかしながら「満洲国」・関東軍・「王道」ばかりではない。「場所」や「者」や「言葉」にとどまらず、もっと根深いところにありそうである。

3　中国の「ギルド」

「ギルド」と「社会主義」

橘樸の中国社会論、その「革命」構想、そして自身の「方向転換」。すべてに作用していた基本概念は、中国の「ギルド」とその「自治」機能であった。「ギルド」「自治」「地方分権」で中国社会を把握し、その変革を構想、実践し、嶮しい時代を克服しようとしたのも、そのあらわれである。

そんな発想の根源には、「ギルド社会主義」があり、さらにいえば、「社会主義」がその通奏低音をなしていた。けっきょく中国人より「中国のことをよく知っている」橘は、あくまで西洋思想で自らの思考と論理を組み立てていたのである。

だからかれの「ギルド」概念は、まったく西洋のものだった。ただかれは西洋でいう「ギルド」を、そのまま中国の同郷同業団体たる「幇及び公所」などにあてはめて解していたわけではない。中国の社会を「ギルド」概念で考察する学術的な方法と典拠がひとまず前提になっており、そこはキチンと手続を履《ふ》んでいる。

湖南の『新支那論』の書評を手がけたのも、地方の「自治団体」あるいは「郷団」という所論を検証することが目的だった。自分の着眼・考察に連関、近接していたからであり、学問的にもきわめて真摯な姿勢である。

そこでわかるのは、湖南に傾倒しつつも、いわゆる中国の「郷団」に対し、橘は拠るべき「ギルド」像と所説をすでに有していたことである。どうやら湖南の「郷団自治」概念に出会う前から、自ら着実に中国の「ギルド」を勉強して、かれなりの理論化をほどこしていた。なればこそ、湖南に忌憚のない批判もできたのである。

橘とモース

そうはいっても、橘の所論が湖南のように観察・表現とも徹頭徹尾、自らのオリジナルだったわけではない。つまりかれは、既成の「ギルド」論を祖述していた。

では、その典拠は何か。これははっきり、ひとつにしぼることができる。モースの *The Gilds of China* である。百頁に満たないこの薄い本は、橘が個別の論文でふんだんに引用したものであり、また自身の主宰した雑誌『月刊支那研究』で、その全訳掲載を試み、未完におわった著述でもあった。

その主要な論点をなす「自治」について、橘が引用翻訳したところをあげてみよう。


此のギルドの行ふ職務は之れを二つの範疇に分つことが出来る。一は非公式の市政機関として、官憲の拋擲せる行政事務例へば街路・下水・貯水の如き事務に任じ、共有地の管理、貧民の救助、慈善団体の維持及び補助等に当る。次にギルド商人としては金融・市場及び商業の管理に必要な規則を立案し且つ執行する。（「支那人気質の階級別的考察」『支那思想研究』）

奇しくも、まったく湖南の「郷団自治」と重なる論点であり、モースも湖南もまったく同じものをみていたことがわかる。橘が『新支那論』に瞠目し、論評と称賛を加えたくなったのも無理はない。ただしその意義づけになると、どうか。

国又は市政府の援助も取締もない支那のギルドが、全く何等の権力を持たないことは申す迄もない。併し乍ら亜細亜的デモクラシーの抵抗し難い重力や、主として商人仲間から挙げられるギルド役員の心理の中に強く働くところの職業的本能から、ギルドがそれの利益に適応する様に運用されて居ることや、中世紀的輿論の偉大なる衝動的勢力や、久しい間の慣行たるボイコットやが、ギルドをして各職業の上に殆ど無際限な支配力を揮はしめて居る。（「支那人気質の階級別的考察」『支那思想研究』）

もうひとつ、いっそう明快な議論として。

欧羅巴のギルドに関し「一般的に云へば中世紀に於いては個人企業の自由運営の時期が未だ至ら

なかつたと見ることが出来る」と云つたことは支那に於いても真であり、且つ支那は今日でさへもギルドの拘束から容易に脱出しようとしない。(「支那人気質の階級別的考察」『支那思想研究』)

二つの引用に共通するのは、西洋の「中世紀」との比較にほかならない。そもそも「ギルド」とはヨーロッパ中世に存在した団体であり、湖南のいわゆる「郷団」を「ギルド」と命名した時点で、西洋を基準にした東西の対比はすでに明白、それがいっそう判然とわかるくだりだといえよう。そのように命名したモースをあえて選んだのが橘であれば、そのかれの特徴もここにあらわれている、といってよい。

モースの視角

モース(Hosea Ballou Morse 一八五五〜一九三四)は往年の中国学者だが、現代の日本では学界もふくめ、ほとんど無名の人物だろう。日本人の大多数は「モース」と聞けば、おそらく大森貝塚を発掘した別人のエドワード・モースを思い浮かべるにちがいない。

しかし日中関係を考える場合、こちらの無名のモースが果たした役割は、想像以上に大きいのではなかろうか。日本人の中国観に重大な影響を与えたからである。

そこに気づいていない専門家も少なくなく、いまやすっかり忘れ去られ、誰も評価しようとしない。学問に対する評価というのは、古今東西、つねに偏頗《へんぱ》なものである。

モースはハーヴァードを卒業したアメリカ人。中国では一八七〇年代から二〇世紀初頭まで、およそ三十年以上にわたって洋関に奉職した。洋関とは外国人が管理した税関のことで、条約で決まった内外の貿易・交通の規則を励行し、不法行為をとりしまる機関である。かれはいまの台北や上海に勤務し、中国をつぶさに実見してきた。

そうした経歴からなのか、あるいは西洋人一般の知性なのか。かれの著述には中国と外国との貿易を合法か違法か、条約にもとづくか否かを基準に辨別、分析する傾向が強い。われわれ現代日本人には、さして違和感のない方法である。けれども、ややもすると条約の存在と遵守があたりまえ、合法が正しく違法は不可だとする認識をもちかねない。

しかしモースはそこから、かなり自由だった。辨別・分析はしても、その分けた一方を絶対視したり、他方を全面否定したりしていない。

つまりかれは、西洋流の条約や法で律しきれない当時の中国の一面をも注視した。なぜ律しきれずにそうなるのか、そこをしっかり見すえていたのであって、なればこそ必ずしも条約、あるいは西洋的な基準にあわない実態・構造にも着眼した。度量衡・貨幣・貿易・行政など、いずれもそうである。

かれは長期にわたる滞在のなかで、実地のフィールド調査をおこない、一九一〇年までに随時、成果を発表した。その典型的な対象が「ギルド」であり、初の単行の著書として公にしたのが、前出の *The Gilds of China* である。

モースと「ギルド」

橘の翻訳引用からわかるように、モースは明らかに中国の「幇」「会館・公所」を西洋の「ギルド」になぞらえており、それを有する時代を「中世」と名づけた。これはもちろん、西洋を基準《スタンダード》とする近代主義であり、いまの研究・通念からすれば、批判あるいは非難に値することである。しかしこの時代・西洋人のモースがそうだったのは、いたしかたない。

かれの読者は二〇世紀初頭・英語圏の西洋人である。かれらに所論を納得させるには、同じ西洋の過去に比喩を求めるしかあるまい。そうしないと、西洋人は誰も理解できないし、また少しも関心をもたないだろう。

だから「ギルド」といい、西洋「中世」と対比はしたものの、モース自身「幇及び公所」をどこまで「ギルド」と同一視していたか、西洋を基準に考えていたかは、すこぶるみきわめがたい。別の著述では、中国がヨーロッパと「しかじかの点で、似ている、というのも、異なる、というのも、間違いのもとだ」と断言しているからである。

またモース本人、あるいは西洋人一般に東洋・中国の「ギルド」をつきつめて考えなければならぬ、切迫した現実的な要請があったかといえば、それも疑わしい。あくまで好奇心、そのかぎりで純粋に学術的な関心からの調査だった。

それも実見できた範囲に限っている。外国人の立ち入ることのできる、ごく限られた都市の団体でしかない。「ギルド」と見立てた観察は、それでいよいよ西洋基準の「ギルド」概念で固まってしまう。

調査にせよ理論化にせよ、西洋人の読者にはその程度の水準で十分だった。だから客観的総体的に見て、モースの叙述とその体系が、おおむね西洋中心主義になってしまったのは否めない。それだけでかれを非難しては、苛酷に失する。

しかしいかに真意は別にあったとはいえ、当代第一流の中国学者の著述であれば、それが一種の学術的権威にもなりうる。文章というのは往々にして、書き手の意図と無関係に一人歩きするものであり、それがまったく後進をしばらないこともありえない。

しかもこれに最も影響を受けたのは、立場も利害も異なる同時代の日本人だった。たとえば橘が、あえて「ギルド」の存在を都市に限ったのも、モースの視角と記述をそのまま踏襲したからなのである。してみれば、中国社会に対する橘の認識、そして行蔵は、モースの所論にレールを敷かれたものだった、といっても過言ではあるまい。

矛盾

それなら、橘のモース理解は、正確忠実だったのだろうか。そこに問題はなかったであろうか。モースの叙述をもう少し仔細にみてみよう。

The Gilds of China 開巻劈頭、かれは「東西両洋の」「差違」を明記していう。以下の引用も、やはり橘の和訳である。

欧羅巴では司法制度が公正であり、中世期に於てすらも公明であつたために当時の人民は法の援助を求めることを忌避しなかつた。支那では古への黄金時代を兎も角とし、今日では法の適用は不安である、司法行政は隠れたる勢力に依つて左右されること多く随て人民は法に訴へることを躊躇し彼等の争議は出来得る限り彼等当事者間で解決することを選むのである。

すなわち「差違」とは、「法」との関わりにある。具体的にみると、西洋では、ギルドの「裁判も全部君主乃至《ないし》都市政府等——最高権威者の権力の一部を代行したもので」あって、やがてその権力は「回復」され、「最後に」「ギルドは王の法廷に訴へ出づることを彼等の会員に禁ずる如き規則を設けることを禁止された」。モースがいいたいのは、西洋・イギリスの「ギルド」が一貫して、政府の「権力」を代行し、「法律の下」にあったという特徴である。

それに対し、中国はどうか。

支那ではギルドは曾て法律の下に入らなかつた、彼等は法律の外に成長しそして、団体として民法を承認せず又夫れに保護を要求したこともない。彼等は便宜上クラフトが取扱ふ商品の税の代理取立を為す場合を除き、政府から認めらるることは稀である。……彼等はデモクラシーの一自治団として発達したものであり、彼等の実行して居る管治も其自身の作つたもので官憲から委任されたものでない。……彼等の会員に対する管治権は絶対のもので、夫れは特許状や委任権の発動でなく社会的団結能力と支那人種の特性たる個人抑制の効果に依るのである。

「法律の下に入」ったことがなく、「法律の外に成長し」たのだから、つまりモースは中国の「ギルド」について、「法律の下」にあった西洋の「ギルド」の特徴を否定しているわけである。

そうした社会全体からする位置づけ、制度上のしくみという前提の条件で、すでに東西の「差違」が厳然と存在していた。にもかかわらず、橘はそこを決定的にみのがしている。看過したばかりではなく、「法律の外」にあるという条件にもとづいてできた中国「ギルド」の属性を、そのまま自らの論点とした。

いいかえれば、橘はモースが説いた東西の「差違」を棚上げして、「デモクラシー」「管治権jurisdiction」など「ギルド」組織にそなわる属性の有無をとりあげ、目前の中国に現存する「ギルド」を「中世」のものであり、ひいては中国社会がいまだ「中世」にあると論じたのである。西洋とは社会的・制度的に生成の条件が異なるはずの中国「ギルド」を考えるに、西洋の理論概念とヨーロッパ史の歴史過程・時期区分を基準にして測ったところ、やはりモースの所説とは矛盾をはらんでいたというべきだろう。

「法律の外に成長し」たと表現した特徴をつきつめるなら、国家と社会の乖離から生じた、という湖南の「郷団自治」論に近づき、したがって中国は「老い過ぎた」社会だと論じることも不可能ではない。「中世期」の「ギルド」だから中国社会を「若過ぎる」とみた橘の立論・所説は、それでは根柢から覆ってしまう。

だからモースも悪い。西洋人の読者への配慮なのか、こうした東西の「差違」を軸として「ギルド」の位置づけから議論せず、「ギルド」のもつ「デモクラシー」「管治」を通じた「東西両洋」の対比に終始したからである。先入主をもって卒読するばかりでは、橘のような解釈・論述になっても無理はない。

日本の「ギルド」論

ここまで橘ばかりみてきたけれども、それを橘、かれ一人に対する批判ととられては、本意ではない。実践家として、橘の文章と進退がわかりやすかっただけのことである。以上の事情があてはまるのは、もとよりかれだけにとどまらない。むしろ大多数の知識人・専門家が同じだった、というべきである。名だたる学者をひととおりみてみよう。

まずは橘と同世代、やや年長の根岸佶《ただし》(一八七四〜一九七一)。経済学者の根岸は、ながく上海の東亜同文書院で教鞭をとり、そこで学生とともに実施、従事した現地調査の成果をあいついで発表し、多くの著述にまとめた。帰国して東京高商(現・一橋大学)教授になってからも、一九二五年の関税特別会議や一九三〇年代の幣制改革など、日中経済にも影響の小さからぬ重大事件の解説書がある。そのほか、日常的な通商にかかわる調査書・手引書も少なくない。いずれも当時の中国を知る有益な資料となっている。

かれの「ギルド」にかかわる多数の著述も、そうしたカテゴリーにふくめてよい。著書だけでみても、一九三二年に刊行された『支那ギルドの研究』(斯文書院)、戦後の『上海のギルド』(日本評論社、一九五一年)・『中国のギルド』(日本評論新社、一九五三年)などは、いずれも浩瀚な労作であり、日本学士院賞も受賞した。かれ自ら個別の「ギルド」を実地調査した、貴重な資料も少なからず残してくれている。

しかしその「ギルド」理解に、橘の『新支那論』批評や「ギルド」論を塗り替える、何か目新しい点がでてきたかといえば、それは疑わしい。根岸は橘とほぼ同じ時期、前後して「ギルド」に関する論考を公にしている。けれども代表作の『支那ギルドの研究』はじめ、どこにも橘の著述を参考文献としてあげないし、論評・言及らしきものもみえない。ほんとうに全く参照しなかった可能性もある。あるいは、橘とは立場が異なるから、自分しか知らない資料を使っているからなのか、引用しなくとも可だという判断だったのか。

いずれにせよ根岸の議論は、とりわけ戦前では、橘のように政治的・実践的な側面は厳しく排除しながらも、その分析・結論に大きなちがいはない。モース・「ギルド」という前提に対するその視座・理解・認識が、さして橘とかわらなかったので、結論も同じところに落ち着いた、というところである。

「ギルド」研究で根岸につづく後進は、仁井田陞《にいだのぼる》（一九〇四～一九六六）・今堀誠二（一九一四～一九九二）。こちらは東洋史学の巨人である。やはり根岸と同じく、中国での実態調査にもとづき、しかし上海近辺を中心とした根岸とは異なって、北京・華北のフィールドでおびただしい資料を蒐集、分析した。

戦時中の困難な条件のもと構築されたその貴重なコレクションは、厖大な巨帙《きょちつ》となって繙く者を圧倒する。近づきにくい向きには、さしあたり仁井田の『中国の社会とギルド』という著作からはじめるのが、分量も手ごろで入りやすい。

その知的土壌

こうして戦前から戦後にかけ、個別具体的な事例と知見は、確実に増大し、着実に蓄積された。細かな見解・所説のちがいもある。けれどもその全体的な切り口に、どれだけ検証と改善が加わったであろうか。今堀の著述のタイトルをみるだけで、一目瞭然だろう。

いわく「ギルドマーチャント」「封建社会」。ア・プリオリに西洋概念の「ギルド」を基準とする視角・観点であって、組織の属性としていかに西洋と異同があるかを論点とし、「ギルド」組織を成り立たせた制度構造や歴史的条件に、独自の関心・考察・理解が向かわない。こうした枠組・姿勢がかれらの論著を貫いている。それは橘以来、旧態依然の前提・視座にほかならない。

もとより例外に数えるべきものはある。たとえば、根岸を単に「ギルド」論者とのみ断じては、公平正確ではない。戦後のかれは、「ギルド」概念にとらわれない考察もすすめ、『中国耆老《きろう》紳士の研究』（平和書房、一九四七年）・『買辦《ばいべん》制度の研究』（日本図書、一九四八年）などの著述を残しているからである。けれども惜しむらくは、その「耆老」「買辦」という論点が、「ギルド」自体の精査・理解とあいまって、現場・歴史に即した包括的な中国社会像を描かせることは、ついになかった。

このあたりに、ここまで紹介してきた内藤湖南の「郷団」論や矢野仁一の中国社会論との決定的なちがいをみることができよう。二人とも「ギルド」概念は用いなかったし、ひいては、西洋の思想・理論を基準にした東西対比の視座ではありえなかった。

その著述から判断するかぎり、湖南がモースを読んでいたとは思えない。矢野はその本業の外交史の研究で、モースの研究成果を縦横に参照、引用しているから、その「ギルド」論も知っていておかしくないのだが、どうも *The Gilds of China* を使った形跡はない。

だから、モースに依拠したかどうかで区別することも、確かに可能である。しかしそれもふくめて、むしろ世代的な問題とみたほうがよいのかもしれない。湖南にせよ矢野にせよ、一世代前の「支那通」だったからである。

モースの「ギルド」論、ひいてはその根幹を読み誤った西洋基準を前提にするのは、湖南・矢野より下、橘以降の世代に共通してみられる現象であり、それは日本における西洋式アカデミズムの確立と普及、その裏返しの「支那通」離れ・軽視の高まりとも、揆を一にしている。第一章第2節で論じた石橋湛山の「中国観」を生んだのと同じ知的土壌といってよい。

具体的にいいかえれば、中国の政治・社会を無前提、無媒介に日本や西洋と同一視したうえで対比する認識法である。それが日本人の中国観に定着し、あたかも抜きがたい習癖のようになっていった。

第五章

時代区分論争

（上）仁井田陞（写真提供：朝日新聞社／ユニフォトプレス）
（下）宮崎市定

1　分岐する視座

社会調査の時代

根岸佶・仁井田陞・今堀誠二ら一九三〇年代以降の「ギルド」研究が、二〇年代の内藤湖南・橘樸と決定的に違うのは、自らの実地調査に拠っていたことにある。このあたりから日本人の中国観において、社会調査のしめる比重が高まってきた。

こうした調査は欧米の研究手法にならったもので、別にこの時はじまったものでもない。しかしにわかに盛行しだしたのは、中国との関係、とりわけ経済的なそれが深まったこと、日本の大陸国家化・植民地主義の進展にともなう現象である。中国内地へのアクセスが容易になり、基層の中国社会に多くの注目が集まるようになった。

そこで官民問わず、組織的な現地調査が実施された。南満洲鉄道、いわゆる満鉄の調査事業はあまりにも有名で、満鉄調査部が残したおびただしい報告書は、いまも有力な歴史資料を提供している。根岸がかつて所属した東亜同文書院をもつ東亜同文会は、いっそう活動を拡大させていたし、日中戦争の時期に入ってからできたものでいえば、北支那開発株式会社など半官半民の機関のほか、国家機関の東亜研究所や興亜院もあった。あるいは日本陸軍の特務機関も、そのひとつに数えてよい。

二〇世紀のはじめ、いわば初発段階だったモースの時代とは比べものにならないくらい、調査の手法・内容が広汎詳密になったのは、いうまでもあるまい。厖大な資料・データも蓄積された。知見も増大した。「ギルド」に関する根岸・仁井田・今堀の成果をみるだけで、その拡大深化ぶりは一目瞭然である。しかし実地の調査に臨む姿勢、調査の成果を生かす態度はどうであろうか。

調査の陥穽

念のため申し添える。以下は当時の、あるいは現在までのフィールド調査の営為・価値を否定する叙述では毛頭ない。身体を張り生命をかけたその作業と成果を尊重すべきなのは、あまりにも当然である。

ただ研究に対する尊重とは、信奉と同じではない。無批判にしたがうだけなら、つぶさに検討しなくてもできる。それでは軽視・冒瀆とかわらない。尊重すればこそ、かえって批判も生まれる。必要なそれを惜しんではなるまい。

フィールド調査から組み立てた著述・議論は、とりわけ当時において、どうやら必ずしも厳密な帰納法ではない。マルクス経済学者・日高普《ひだかひろし》（一九二三〜二〇〇六）にこんな文章がある。

一九三四年マニュファクチュア論争たけなわの折、服部之総《しそう》は自説を確証するため、秋田県に資料調査に出かけた。服部の意見によれば、天保年間秋田藩における木綿の生産は、厳密なるマニュファクチュアの段階に達していることを、秋田県の現実が実証するはずであった。はたして調査の結果、やはり服部説の正しさは証明された。だが次いで、土屋喬雄《たかお》が同じく秋田県に資料調査に出かけた。土屋の意見によれば、天保年間秋田藩における木綿の生産は、厳密なるマニュフ

> アクチア《ママ》の段階に達していないことを、秋田県の現実が実証するはずであった。はたして土屋説の正しさは証明されたのである。(「精神の風通しのために」一九五〇年、『精神の風通しのために
> ——日高普著作集』青土社、二〇一一年)

いささかレトリックが勝ってはいるものの、実情をよくうかがっている。いわゆる実地調査と「意見」・研究の関係とは、大なり小なりこの例にもれない。調査研究に従事するものは、すべからく肝に銘ずべく、絶対に忘れてはならぬ一文だろう。

しかも一九三〇年代・四〇年代、いわゆる社会調査の時代とは半面、国策とイデオロギーの時代でもある。いわゆる「マニュファクチュア論争」もそのひとつ。

工場制手工業とも訳すマニュファクチュアとは、産業革命による機械制大工業以前にあらわれる最初の資本主義的な生産形態を指す。一九三〇年代、共産党系の「講座派」と非共産党系の「労農派」は、幕末の日本社会がそのマニュファクチュアの段階に達していたかどうかを論争していた。このように、そこでの「意見」はイデオロギーに左右され、それを前提に、調査の内容と結果が形づくられる。時を同じくした中国での数知れない実地調査も、これとほぼ同断だといっても過言ではあるまい。

調査の動機・見方・視座は、一世代前の橘から変わっていない。調査そのものが周到精密になる一方で、その目的・動機は政治的でなければ固定的であり、しかも西洋の学説・理論・概念を前提の視角とし、直截に調査の対象・結果にあてはめる方向が厳存していた。その一典型がたとえば、「ギル

ド」だったわけである。
だから事例は、それのみに限らない。いまひとつ、著名な「華北農村慣行調査」に関わる論争をとりあげてみよう。

「共同体」論争

これは一九四〇年から四四年にかけ、東亜研究所の発案により、満鉄調査部と東大法学部との協力で、日本軍の占領下にあった華北村落をフィールドに実施した実地調査である。農村を対象に法社会学的な方法を用いた、かつてない精細綿密な訪問調査だった（東亜研究所『支那農村慣行調査報告書』）。

この調査結果をめぐって、調査員の間で論争が起こる。平野義太郎（一八九七〜一九八〇）は共同事業の慣行を有した中国農村を「共同体」ととらえ、自然村落にみられる自治的協同機能の存在を強調した。

これに対して、戒能通孝《かいのうみちたか》（一九〇八〜一九七五）は中国の村落を西欧や日本と対比し、著しくバラバラな個人の集まりに過ぎず、とりわけ契約・権利の実現を支える法共同体の欠如を強調して、平野の「共同体」説を批判した。

要するに、同じ調査によりながら、正反対の結論になっているわけで、これは各々の立場と視座が然らしめたものであった。平野は音に聞こえた「アジア主義」者であり、ここでも「共同体」の存在を「大アジア主義」の「基礎」とみている。

「アジア主義」の的確な説明は難しいけれども、この論争に関わるかぎりでいえば、自由競争・弱肉強食のため行きづまった西洋社会に対峙し、そのありようを超克する「共同体」をアジアに見いだそうとする発想である。そこで日本と中国の共通性を重視した。

平野がそもそもマルクス主義者であって、そこから転向したことは、かくれもない事実である。資本主義の西洋社会を超克しようとした当時の「アジア主義」の根柢には、社会主義思想が濃厚に作用していた。これは橘も平野も同断であって、西洋資本主義を超克すべき社会主義が、王道主義や「大アジア主義」に転化、分岐しただけである。

かたや戒能は、中国はヨーロッパと類似した発展過程にある日本とは異なる、という観点に立っていた。具体的にいえば、日欧の「封建制」と深い関わりを持つ村落共同体を近代化の基礎をなすものととらえる。この論争では、華北農村には共同事業は存在しても、内面的な協同意識はごく希薄であって、共同体など存在しない、ゆえに近代化の可能性は欠如している、と論じ、日中の相似と連帯をうったえる平野らの「大アジア主義」、ひいては「大東亜共栄圏」といった当時の流行概念に反対した。

やはり調査団の一員だった旗田《はただ》巍《たかし》（一九〇八～一九九四）が、戦後あらためて、この問題を追究している。かれは「看青」という農地監視の慣行などを精緻にみなおし、村落の共同事業の実態を明らかにしたうえで、村民は合理的打算にもとづき協力したにすぎず、「共同体」とはいえない、という戒能に近い結論に達した。しかしかれは戒能の立場・観点・展望には同調せず、これを「脱亜主義」と称して批判している（旗田『中国村落と共同体理論』）。

論争をもたらすもの

以上、くだくだしく紹介してきたのは、中国の農村に対し何か正しい分析や知見を求めるためではない。それは筆者の手に余る。現在もなお、学界の俊秀が解明にとりくんでいるから、容喙には及ばない。ここで確認しておきたいのは、日本人が中国社会を見、語る観点・思考・論理の、いわばクセがよくあらわれていることにある。

同一のデータによりながら結論がちがうのは、データを処理する方法に違いがあるからである。とはいっても、その処理方法がデータ自体に即しているかぎり、部分部分で所論の異同は出てきても、大きく結論が異なることはあるまい。平野と戒能のように百八十度ちがってしまうのは、立場と視角と方法が対象・データをみる以前に決まっているからである。いわゆる「マニュファクチュア論争」と共通する特徴、けだし同じ知的土壌の産物だった。これが以後の日本における中国観の、一方の軸線をなす。

こうした正反対の二視角は、別個の観念にもとづく二元的なものではない。その前提とする理論が資本主義なのか、それとも社会主義なのか、という違いだけである。

西欧社会を是とし、その既成の資本主義にのっとって考えれば、日・欧と大きな差違をみせる中国を異質な社会だと措定し、それはとりもなおさず、近代化した日・欧とは異なって、独力では進歩できないものと位置づけがちになる。いわゆる「停滞論」にほかならない。旗田が平野の「大アジア主義」に対置して、戒能にあえて「脱亜主義」というレッテルを貼ったのも、そのあたりの事情をあらわしたものである。

他方、欧米社会を非とし、それを超克すべき社会主義で日本を位置づけたとすれば、欧米と異なる中国は、その日本と同じ性格の社会だとみなして、連帯を志しがちになる。既存の欧米社会を超克しようとするという点で、「王道」も「大アジア主義」も選ぶところがない。日本の社会主義者が少なからず「方向転換」、「転向」したのもうべなえる。

このように「脱亜主義」と「大アジア主義」とは一見、対極にあるようにみえながら、思考の道筋・様式は軌を一にする。西欧社会を基準にした思想・理論を中国社会分析のア・プリオリな前提にする、という核心において、まったくちがいがない。「農村慣行調査」論争で端的にいえば、「共同体」という前提概念が、すでにその典型なのである。

したがって「停滞論」にせよ連帯にせよ、西欧基準の進歩・発展という観念がその根柢に内在している。そのために両者共通して、先進の日本が立ち後れた中国を指導する、という態度・構図・行為として現象してしまう。それは日本人の主観的意図がどうであろうと、中国人からみれば、ひとしく蔑視、侵略にほかならない。

加藤繁の場合

では、日本の中国観は、この「脱亜主義」「アジア主義」という表裏一体の観念に収斂してしまうのかといえば、そうでもなかった。あらゆる前提に西洋製の理論・概念をもってくる、そうした方法が中国社会に対する視座のすべてだったわけではない。

もちろん資本主義・社会主義、あるいは「脱亜主義」「アジア主義」は当時、一世を風靡した時代思潮だったので、まったく影響を受けなかった人はいないだろう。しかし対象に即した観察・考察、そこから組み上げる立論、西洋基準のア・プリオリな当て嵌めではない思考様式も、少数ではあれ存在した。

その最右翼はおそらく加藤繁《しげし》（一八八〇～一九四六）。同じ東洋史学者でいえば、湖南の一世代下、仁井田らの一世代上にあたる。橘とほぼ同年齢、そしてその対極に位置する、「支那通」の一人だといってもよい。

加藤は島根県松江の生まれ、旧松江藩士の家に育ち、一九〇六年に東京帝国大学史学科支那史学科を卒業。翌年、臨時台湾旧慣調査会の事務嘱託となり、八年間、京都で『清国行政法』の編纂作業に参加し、中国の産業・法制に関する調査に従事した。一九二五年に東京帝国大学講師、三六年に教授となる。専門は古今にわたる中国の経済史、農産物・土地制度・戸口・聚落・商業・専売・貨幣・財政におよぶ題目を網羅的にとりあげ、考究した。

漢籍といえば、当時も経書の四書五経、さもなくば史書の本紀・列伝を読むのが、内外の主流だった。言い換えれば、中国は思想・政治しか注目されてこなかったわけで、世界の誰もが経済関係の漢語史料など解読不能、五里霧中の状態にあった。それを読解する手引きを提供したことは、はかりしれない貢献だといってよい。中国史上の社会経済事象が、今のレベルにまで復原されてわかるようになったのには、加藤の研究がその礎をなしている。

かれの主な著述・業績は『支那経済史考証』二巨帙に集成してある。書名のとおり、その仕事は全くの「考証」であり、経済にまつわる史料用語・歴史事象をひたすら明らかにするだけ、関心のない者には、これほど無味乾燥な文章・著述もあるまい。
関心のない者ばかりではない。その恩恵をこうむった、あるいは受けるべき同業者からも、仮借ない批判が出ている。以下は一九六二年、加藤を批判した旗田の言。

博士の思想は徹底した忠君愛国主義であった。ところが、こういう思想をもっていたにもかかわらず、博士の研究はすべて考証学であって、その研究のなかには博士の思想の片鱗もうかがえない。（旗田巍「日本における東洋史学の伝統」『歴史学研究』270）

旗田は「思想と学問との分離」が、「研究自体への反省」を生み出さない、「現実との無責任な結合、権力への追随をもたらす」と批判した。それが日本の東洋史学の通弊にほかならず、加藤もその一人、典型として指弾されたのである。

「思想」か「主観」か

「思想を排除す」る、という旗田の表現は、「忠君愛国」が加藤の思想のすべてであるなら肯綮に当たっていよう。だが、はたして「思想の片鱗もうかがえない」のだろうか。

吾等は努力して成るべく主観を混ふることを少きやうにし、又主観の確実性に富み客観的事実に成るべく近きやう努力するを要す。即ち、主観は已むを得ず之を許すものにして、主義としては

飽くまで客観的なるを尚《たつと》ぶなり

加藤が排除したかったのは「主観」、すなわち「理論・学説」「政治上の主義、宗教上のドグマ」である。「主観的独断説感情論」の唯物史観しかり（『中国経済史の開拓』）、自身の「忠君愛国」しかり。けれども「尚ぶ」対象を有し、定めることも、思想の一営為にほかなるまい。「主観」排除・「客観」尊重という「主義」こそ、加藤の学問思想とよぶべきではないだろうか。

考察に「主観」をまじえない、予断をもたない、「客観」を尊び、ありのままの事実に近づける対象が、誰でも知っている、わかりきったものなら、そんな「主義」・思想にさほどの価値はあるまい。しかし加藤が相手にしたのは、誰にも読めない、わからない中国経済社会の資料なのである。その対象に生涯かけて、自分の「主義」・思想を貫いたのであるから、尋常ではない。それをあえて「思想」といわずに貶めたところに、旗田たちの「思想」的な立場をうかがうことができる。

ともかく実際に加藤の論考をみてみよう。その研究は唐宋時代を中心とするものの、同時代の清代・民国にまったくふれなかったわけではない。つまり書斎で漢籍を読んでいたばかりではなく、実地調査も行っている。そのひとつが「ギルド」であった。

かれは一九二七年の北京調査にもとづき、「唐宋時代の商人組合「行」を論じて清代の会館に及ぶ」という文章を三五年に著した。

欧米の支那研究者は、会館といふ語を直ちにギルドと考へるやうであるが、ギルドに当たるものは即ち行であり、さうして行は唐宋以来の制度であつて、同業商店が集まつて町を成す慣習に胚胎した商人組合に外ならなかつたのである。(『支那経済史考証』)

以上がその結論。いまからみれば、何と言うこともない趣旨だし、所説のこまかい正誤も、再考の余地はある。しかし当時、零細な資料を蒐集し、正確な読解にもとづき、「支那ギルド」の歴史的起源を明らかにしたことは、前人未踏の成果であった。

注目すべきは、その「支那ギルド」を「ギルド」といわないところである。「ギルド」と記すのは、数十ページの論文中、他説を紹介する冒頭と引用した箇所のみにとどまる。

内藤湖南も矢野仁一も確かに「ギルド」とはいわなかった。しかし加藤は、一世代前の湖南らとちがい、明らかにモースら欧米の研究をみたうえで、あえてその概念使用を控えているのであって、同じく欧米の研究を読んだ橘・根岸らとは、異なる立場・視座なのである。

そこにみえるのは、西洋理論・西洋思想という「主観」においそれと同調しない慎重な態度であり、対象の個性に即して、中国社会をありのままに、そしてそれが由って来るところから見つめようとするまなざしである。次の世代の仁井田が、自らの実地調査に拠って『中国の社会とギルド』を著し、その「ギルド」をただちに封建制・ヨーロッパ中世と対比したのとは、およそ対蹠的な態度だった。

後を継ぐもの

それなら、仁井田と同じ次世代・フィールドの時代には、みなかれや今堀と同じく、加藤のような見方・姿勢に背を向けたのかといえば、そうでもない。二人ほどあげよう。

まず柏　祐賢《かしわすけかた》（一九〇七〜二〇〇七）。京大農学部教授をつとめた農業経済の専門家である。かれは戦前期の中国経済を研究して、博士論文を作成した。タイトルは「経済秩序個性論」、まもなく単行本としても刊行される。いわゆる中国の「経済秩序」の「個性」とは、「包」という慣行であった。この漢語をあえて日本語に移すと、「請負」というに近いけれども、両者はむしろ似て非なる概念だと考えたほうが正しい。中国の「経済取引」に「物に即して考へられ得る計算的確定性はな」かったから、

人と人との間の取引的営みの不確定性を、第三の人をその間に入れて請け負はしめ、確定化しようといふのが、即ち「包」である。（『経済秩序個性論』）

「包」は日本語の「請負」のような偶発的、特例的、附加的、選択的な行為ではなく、中国の経済・社会の秩序構造に普遍的にビルト・インされ、その安定した再生産をもたらす役割を不可分的に担っていた。中国経済が内包する「不確定性」という「秩序」のリスク要因を分散、軽減させる機能である。

いまひとりは村松祐次（一九一一〜一九七四）、東京商科（現・一橋）大学の中国経済学者である。かれは同時代二〇世紀前半の中国経済を分析するに、「社会態制」に着眼し、「西欧の歴史的発展から

抽出された段階構成を一度離れて、虚心に在来の社会構造と西欧的―世界的なものとの距離の測定を志」した。

工業化がすすんだ当時の中国経済の主軸をなす民族資本は、決して順調な発展をみせなかった。企業の参入や取引は活潑だったにもかかわらず、持続的な事業の拡大や生産性の向上をもたらすような資本蓄積や技術革新は、遅々として進まなかったのである。

村松はこうした情況を「安定なき停滞」と表現して、中国経済独特の「社会態制」からもたらされた、とみる。中国市場は規制が乏しく、きわめて開放的かつ競争的で、企業が新たな設備投資にふみきるには、リスクが高きに失した。おびただしい零細経営の激しい競争・隆替が起こる半面、市場・社会は全体として、その「構造」を変えることがない（『中国経済の社会態制』）。

村松は東京商科大学で根岸に薫陶を受けたこともあってか、その研究を高く評価し、「ギルド」概念も踏襲している。しかし「ギルド」に関わる所論を一読すればわかるとおり、根岸からの影響は全体的にみて、西洋理論の援用よりも、中国現場の個性重視が勝っていた。

市場取引におけるリスクの高さを指摘する点で、柏と村松は期せずして一致する。そこがまさしく中国経済に「個性」的な事象で、安易な西洋概念の援用、西洋社会との対比「を一度離れ」たがゆえに示し得たものだった。ディシプリンは異なっても、加藤の用意と相通じている。

二人の著作はほぼ同時、一九四八・四九年に出ている。仁井田のものは一九五一年の刊行、やはり時期は近い。中国の国共内戦も終わりに近づくころ、いずれの中国観が、日本人に普及していったのか。その過程を明らかにすることが、次の課題になる。

2　「歴研派」

日中関係の転換とマルクス史学

第二次世界大戦は、日本人の中国観をがらりと変えた。戦争を通じて、日中両国それぞれが大きく変貌したし、それにともなって、両者の関係も変わったのだから、当然といえば当然である。

日中戦争の敗戦で、日本の帝国主義勢力はもとより、一般の日本人も中国大陸から駆逐一掃された。中国共産党政権の成立と冷戦構造の継続で、中国との交通、中国人との交流も久しく遮断された。かくて中国居留や現地調査は不可能となり、大陸のリアルタイムの情景・推移も見えづらくなる。従前の中国観を支えた環境・条件は、ほぼ消え失せた。「支那通」概念の消滅も、おそらくそれと並行した現象だろう。

これに拍車をかけたのが、価値観の転換である。日本帝国主義の挫折と中国革命の達成は、日本の取るべき道が誤っていた事実を具体的に実証した、というのが大方の見方、いな、反省であった。それが以後の時代思潮を形づくる原動力になり、最も顕著だったのが、社会主義思想、とりわけマルクス主義である。中国共産党が革命を成就させ、社会主義に到達したからである。

日本の少なからぬ知識人は、大正以来、資本主義に閉塞感をつのらせていた。そんなかれらにとって、社会主義はいわば福音だったのである。その潮流は学問の世界をも大きく左右してきた。歴史学ももとより、その例外ではない。

その代表的な議論として、経済史家を二分した「マニュファクチュア論争」があり、すでに少し言及した。平野義太郎・服部之総《しそう》らの属した「講座派」と土屋喬雄らの「労農派」がくりひろげた、いわゆる「日本資本主義論争」の一環であった。

周知のとおり、日本政府当局はこのころから、危険思想として社会主義への弾圧を強め、三〇年代が終わるころには、「講座派」も「労農派」も潰滅している。そしてその少なからざる者は、いわゆる「アジア主義」者に転向した。平野義太郎あたりはその典型だろうし、「共同体」論争でみたように、その中国との関わりも決して浅くない。かれらは善かれ悪しかれ、中国侵略をすすめる日本の国家・権力と、関わりを深めていった。その先に待っていたのが、日本の敗戦であり、中国革命の成就だったわけである。

かつて日本人が指導すべきはずだった混沌落伍の大陸は、一朝にして同じ日本人のめざすべき理想郷に変貌した。挫折転向を余儀なくされた日本のインテリは、隣国の戦中の苦闘と戦後の達成に瞠目し、大いに恥じなくてはならなかった。歴史学も日本と中国に深く関わった以上、そんな思潮と無縁であったはずはない。

「停滞論」とその克服

戦後日本の新たな歴史学は、悲惨な敗戦をもたらした戦前の世界観・歴史観を反省、批判、是正するものでなくてはならない。日本史の文脈で槍玉にあがったのは、いわゆる皇国史観である。「大アジア主義」・中国侵略にもつながった、この史観については、贅言を要しまい。その皇国史観と表裏一体だったのが、中国関係でいえば、「停滞論」である。「停滞論」を一言でいえば、アジア社会をみる西洋中心主義の発現である。煎じ詰めれば、人種差別と言い換えても、あながち誤りではない。しかしそんな偏見が近代科学・学問の形成された同じ時代に、その学問的な論理で武装されたがために、あたかも根拠の確乎とした学術理論であるかのようにあつかわれた。

だから「停滞論」は、アジアを対象とする西洋理論なら、普遍的に存在したものである。ディシプリンや左右の区別はない。その典型として哲学なら、ヘーゲルの中国論（武市健人訳『歴史哲学』岩波文庫）。

シナは古代においてすでに、今日のような状態に達していた。……変化というものは一切なく、いつまでも同一のものが繰り返して現われるという停滞性《シュタターリッシェ》が、われわれが歴史的なものと呼ぶものに取って代っているからである。

中国史とは「何の発展もなさない」「没歴史」だというわけである。

マルクス史観はヘーゲル哲学をいわば形而下に裏返して、社会経済に置き換えたものなので、アジアに対する「停滞論」でも、まったく同じ図式になる。いわゆる「アジア的生産様式」がそれである。

いちはやく工業化・資本制・労働社会を実現した先進国に遅れをとっても、欧米ならそれは「後進」であって「停滞」ではない。アジアはこうした「後進」の地域ではなく、根本的に異質な「生産様式」をもち、自生的な発展の契機をまったく持たぬ不変の社会だと主張するのが、いわゆる「停滞論」だった。たとえばその論拠として、社会発展が生じえない自給自足の経済体系をもつ村落「共同体」の残存を指摘する。

「発展をなさない」というヘーゲルと同断、このように絶対的に停滞した社会は、外からの指導や強制によらなくては進歩・発展はありえず、近代化もできない。もちろん中国社会も、その例外ではなかった。

日中戦争の時期、このように西洋人の差別意識から生まれた「停滞論」を最も信奉したのは、ほかならぬ日本人となっていた。それもまぎれもなく、西洋アカデミズム普及の落とし子である。「停滞論」は当時、隣邦の侵略をすすめる自らの行動を合理化できる恰好の理論として受容され、深められた。

いわゆる「アジア主義」の核心にも、この「停滞論」があった。それは唯一近代国家を形成した日本が、西洋列強の支配と圧迫から、「停滞」するアジアを解放する、という方針に転化し、その日本の援助・指導なくしては、中国の近代化は困難である、という論理を導き、中国侵略の正当化に帰したのである。戦時中の日本人は、こうした方針・論理を最も声高に、最も精緻な学問的な装いで喧伝した。

ところが中国大陸は、資本主義・帝国主義・近代国家の日本を打倒したばかりか、先んじて革命を成就させ、社会主義に到達する。中国は「停滞」どころか、日本より先を進んでいた。なればこそ日本の学者、とりわけマルクス史学の立場にたつ研究者は、それまで信奉してきた中国「停滞論」に対する批判、そしてその克服を自らの課題としなくてはならなかったのである。

「歴研派」の形成

そんな動きをたどるには、典型的な一事例として歴史学研究会をとりあげるのが、便利である。これは一九三二年、主として東京に在住する若い歴史研究者たちが設立した学会で、いまも存続し、活動を続けている。しばしば略して「歴研」という。東京帝国大学文学部の各史学科出身の若手有志が、「歴史の科学的研究」の発展、「歴史の大衆化」を目的に謳い、日本史・東洋史・西洋史など専門の区別を超えて、歴史現象を世界史的スケールでとらえ、また社会経済史および民衆史に関心を集めた点が特徴的であろう。

そうした特徴が、一九三〇年代前後にわたるマルクス主義の普及に影響を受けていたのは、いうまでもあるまい。また当時、いよいよ強まってきた軍国主義の潮流に対する批判的な意識も、その背景にはあっただろう。もちろん軍国主義の圧迫に一学会が抗しうるはずもない。けっきょく一九四四年、全面的な活動停止に追い込まれた。

戦後、マルクス主義が解禁になって、マルクス史学も「停滞論」の克服を課題として再生する。復活した歴研もそうした機運に乗じて、その主要な舞台を提供した。

なかんづく中国史においては、「停滞論」に代わる新たな理論を構築しなくてはならなかった。先進国だったはずの日本に対する勝利・革命の成功・社会主義の推進という目前の現実からみれば、中国も進歩・発展の歴史を歩んできて、いまや新たな段階に向かっている。歴史学は時間の系列と事実の経過から、その必然性を説明できなくてはならない。

原始共産制→奴隷制→封建制→資本制→社会主義という段階をたどる発展の「法則」が、史的唯物論・マルクス史学の定式である。中国もまた、社会主義実現の段階にまで至っている以上、この「法則」が貫徹してきたはずであり、それを具体的な歴史事実の進行で立証することが、とりもなおさず歴史学の任務となった。それは同時に、日本の中国侵略を正当化してきた理論を打破するという意味で、日本人の反省の証明でもあったのである。

内藤湖南から前田直典へ

その具体的な成果として、以後を規定したのが、前田直典（一九一五〜一九四九）の「東アジアに於ける古代の終末」という論文だった。前田は東京帝国大学の東洋史学科を卒業、加藤繁らに師事した元朝史の研究者である。三十代半ばの若さで亡くなったかれの業績は、専門の題目だけでも決して少なくはない。しかし最も著名なのは、一九四八年に発表した、むしろ専門外のこの文章である。

社会主義を生み出すには、資本主義になっていなくてはならない。つまり近代化を経ている必要がある。近代にたどりつくには、その前段階、中世封建制に達していなくてはならない。それには、中世に先だつ「古代」の存在をまず発見し、それがいつ終わったのかをつきとめることが求められる。タイトルどおり、それに応えたのが、前田論文だった。

この論文はしかし、前田のオリジナルな歴史研究の成果ではなく、理論的な問題提起をめざしたものである。かれがそこで活用したのが、内藤湖南の唐宋変革論だった。湖南の中国史学には、「停滞論」とは対極にある「発展」の論理が内在していたからである。

あらためて、湖南の唐宋変革を基軸とする、中国史の「時代の区分」をあげておこう。

殷周秦漢　→　六朝唐五代　→　宋元明清
上古　→　中世　→　近世

前田はこれを下敷きに、中国史の展開を再考した。もっとも、湖南の所説をそのまますべて受け入れたわけではない。そこは西洋理論・マルクス史観に拠った学者である。根幹の部分で重大な修正を加え、ほとんど換骨奪胎した。

湖南は唐宋変革でできた中国社会を、かれと同時代に直接つながる「近世」とみた。前田の場合は、そうではない。唐宋のあいだで変革はあった。たしかに進歩・発展はした。しかし、湖南の同時代と同じ段階に、ではない。

「古代の終末」

論点は二つある。ひとつは、湖南の示した三世紀における古代から中世への推移が、不分明な点であった。すでに第三章第2節で述べたとおり、かれはこの画期を、中国「文化の拡大」が周辺「種族」の自覚を促し、「それが内部に向かって反動的に勢力を及ぼしてくる」とみなして、「波が池の四面の岸に当たって反動してくる」と比喩する。前田はそこに納得できなかった。湖南のいう「中世がそれ以前の古代とどの点で異るかということになると、詳説は発表されていず、殊に社会の変化に就ては殆ど説かれていない」。つまり、そこに時代の「発展」、画期があるとは考えなかった。

いまひとつは、唐宋変革の内容である。前田は湖南と同じく、変革の具体的な事例のひとつとして、唐代「均田法の崩壊」をとりあげた。「均田法」つまり均田制は、日本の古代・律令国家にもとりいれられて、班田収授や口分田などの名称で、おなじみのものである。湖南はその「崩壊」を、「平民」の「私有権」確立を示すものだとみなして、「近世」の証左とし、宮崎市定もこの所説をうけついで「土地私有制度の公認」だと断じた。前田はこうした「近世」論を批判すべく、師の加藤繁の研究を援用したのである。

本章第1節でも述べたとおり、加藤はマルクス主義者ではない。むしろ「思想」上は「忠君愛国」主義者である。けれどもかれは、それを研究にもちこむことはなかった。あくまで客観的な史実の復原をめざしたのであり、均田制についても詳密な研究がある。

均田法の崩壊に伴つて土地兼併が盛になり、同時に小作人が著しく増加したやうである。……戦国秦漢は勿論、南北朝時代までは小作人はさまで多からず、大官豪族の大地面は主として奴僕によつて耕種されたのであるが、均田法の崩壊と前後して農耕に奴僕を用ひることが衰へ、小作人の使用が流行した。（加藤繁『支那経済史概説』）

ここにマルクス史学者の前田が着眼した。「奴僕」の「農耕」とは、つまり「奴隷制」。マルクス史学ではまぎれもなく、古代の指標である。そして唐代までこの「奴隷制」がつづき、湖南のいう三世紀の画期が見いだしがたいとすれば、唐宋変革こそ「古代の終末」でなくてはならない。

こうした時代の区分はさらに、世界史を構想する上でも、好都合だった。日本列島も朝鮮半島も、大陸の唐宋変革とほぼ並行して、社会の大変革を迎えている。前者は平安時代・貴族から鎌倉時代・武士へ、後者は統一新羅から王氏高麗へ。そしてこの両者も、近現代に直接する近世への転換ではありえない。唐宋変革を「古代の終末」とすれば、東アジアは足並みをそろえた、一つの「世界」として把握できるわけである。マルクス史学の発展段階は、世界に共通たるべき「法則」であるから、日中朝からなる「東アジアに於ける古代の終末」は、そうした「世界史の基本法則」にもかなう構想だった。

新しい時代区分

前田はこの論文を公にして、まもなく逝去する。しかしかれが説いた中国史の把握法は、長く生命を保った。それを体系化しようとした最初の試みが、一九五〇年の歴史学研究会大会である。唐宋の間で古代と中世とを分かつ時代区分が、ここで認定された。この時代区分、ひいては体系的な中国史把握にもとづく研究・スクールを「歴研派」と称する。

その主たる論点は、支配層の経営する大土地所有における生産関係を、奴隷制・農奴制などの概念で規定したところにある。中国の生産様式の発展にも、ヨーロッパ・日本の歴史と本質的に共通する原理・法則が貫徹していたことを主張したのである。もっとも、西洋の理論そのままではない。「古代」に位置し、それを裏づけるべき奴隷制の立証では、ヨーロッパのような奴隷労働の普及を史料にみいだすことができなかったからである。

そこで「歴研派」は、紀元前の前漢の時代に確立した、皇帝権力が人民のひとりひとりを直接に支配する体制に「個別人身支配」という概念を与えたうえで、それが奴隷制にあたる、とみなした。たとえば唐代の均田制は、その代表的事例であって、それをマルクスのいう総体的奴隷制の変化した形態と位置づけたのである。

したがって唐から宋にわたる変革は、やはり「均田法の崩壊」が一大メルクマールだった。その均田制に代わった土地所有・耕作労働の形態、すなわち宋代以降の「生産様式」が、いわゆる佃戸《でんこ》制である。「佃戸」とは、ひらたくいえば、自ら土地を所有せず、地主の土地を耕作する小作人をさす。加藤のいう「小作人の使用」の「流行」がすなわち佃戸制であって、その小作人＝「佃戸」が史上いかなる身分であったか、どのような労働条件であったか、が「歴研派」にとって次の問題であった。

唐代まで均田制を通じて、庶民は皇帝権力に直接個別に隷属していた。均田制が「崩壊」すると、権力はこうした「個別人身支配」を貫徹できず、地主と佃戸が主要な「階級」関係となる。

その佃戸は土地に縛りつけられて、移転の自由ももたず、五割以上という著しく高率の地代を負担し、また法制上も地主との不平等を強いられる存在だった。それゆえ、地主は佃戸を支配する「領主」、佃戸は地主に隷属する「農奴」とみなすことができる。佃戸制はしたがって、いわゆる「封建制《フューダリズム》」にひとしく、それが普及した宋代以降は、中世にほかならない。

それだけではない。この区分はさらに、現行の中華人民共和国憲法にも明記のある中国共産党の歴史観、とりわけ近代史のみかたと接合して次の画期を構成した。「封建」国家の中国は、一八四〇年のアヘン戦争以降、列強に従属しつつ旧体制を残す「半植民地半封建」となった、というのがそれである。

こうして「歴研派」による中国史の体系は、おおむね以下のとおりとなった。

殷周秦漢六朝唐五代　↓　宋元明清　↓　清末・中華民国　（↓　中華人民共和国）
奴隷制（＝古代）　↓　封建制（＝中世）　↓　半植民地半封建（＝近代）

もとより個別具体的には異論もあって、そこだけみれば、この図式とはずいぶんかけ離れた学説も存在する。けれども「奴隷制」「封建制」という概念で「発展段階」をはかる、というコンセプトでは、まちがいなく一致していた。

京都学派との論争

前田の論文が出てからまたたく間に、以上の時代区分が学界を席巻した。「停滞論」は一九五〇年代のうちに早くも過去のものとなった観がある。それなら中国史の把握は、「歴研派」の学説一色になったのかといえば、そうではない。この見方に非をとなえる向きもあって、まもなく両者の間で論争さえおこった。これを「中国史の時代区分論争」と呼ぶ。

「論争」そのものが下火になってからもう数十年、また白熱した当時も、専門内部のごく限られた研究者しか関係しなかった。そのため、当時から一般にはあまり知られてこなかったし、今や学界すら閑却しているといってよい。

この「論争」は、「歴研派」形成の当初からはじまっている。前田のとなえる時代区分は、湖南の宋以後「近世」論に対する批判からできあがった。それなら湖南の学説にしたがえば、自ずから「歴研派」に対する批判となる。「論争」は実にこうした形で展開した。

そもそも戦前、中国史を「停滞」ではなく、発展的な歴史ととらえ、時代を区分していたのは、京都帝国大学を中心とした湖南の学統だけであった。ひとつしかない以上、学派も論争もありえない。「歴研派」の成立にともなって、湖南の時代区分論を支持する研究者が、明確にひとつの学派としてあらわれた。これを「京都学派」と称する。

かれらは「歴研派」の批判に対し、一歩も引かぬ論陣を張った。宋代以降が「近世」である、という所説・立場を頑として譲らなかったのである。名称こそ「京都学派」ながら、その範囲は京都・京都大学に限られず、また数的にも決して少なくはなかった。

かくて宋代以降が中世か近世か、唐代以前は古代か中世か、東洋史学界の論争は、激しさを増してゆく。日本の中国史研究はそのなかで、長足の進歩をとげ、世界に冠たるレベルに達した。

しかし「論争」そのものは、容易に収まりをみせなかったし、いまも決着していない。そこには、中国史学・歴史学・学問のなかだけにとどまらない、日本人全体に関わる、もっと普遍的な問題が横たわっていたからである。

それを中国史・東洋史だけの専有物・昔話としておくのは、いかにももったいない。いま少し立ち入ってみてゆくことにしよう。

3　論争をもたらしたもの

東洋史学と「樸学」

日本人の史的な中国観は、戦前はいわゆる「停滞論」が多くを占めていたといってよい。中国は「停滞」した社会であって、歴史的に進歩しない、発展しない、だから文明に到達していない、というこの学術理論は、一般の中国蔑視のバックボーンにもなっていた。

文明国だったはずの日本が大戦で敗れ、資本主義より進んだ社会主義の中華人民共和国が成立すると、中国の「停滞」は事実によって否定されたから、中国に対する「停滞論」も学問的に克服されなくてはならない。戦後歴史学のなかで、そんないわゆる「停滞論」克服の潮流の中心になったのは、とりわけマルクス史学者が結集した歴史学研究会、いわゆる「歴研派」の活動である。かれらの研究は、中国史のみかたを「停滞」から「発展」へ一変させた。ひとまずそう総括して、さしつかえない。

中国「停滞論」とは、そもそもマルクス史学のテーゼであった。したがって極端にいえば、その克服も、マルクス史学内部の課題にすぎない。ほかの立場・観点とは、必ずしも直接に関わりはなかった。それなら、そちらのほうにも目を配らねば、偏った論述になりかねまい。とりわけ旧来の「支那通」をいわば近代化した学問分野の東洋史学は、そうした動きにどこまで、どのように関係していたのであろうか。

「樸学《ぼくがく》」という漢語がある。本来の字義としては、いにしえの素朴な学問、という意味で、具体的には、漢王朝の時代の原始儒教のことであった。しかし下っては、もっぱら中国の清代考証学のことを指す。それが漢代の儒教を研究の中心としていたからであって、二〇世紀のはじめにもなお実在し、少なからぬ成果を上げていたものである。

考証学はすでに述べたとおり、西洋近代の人文学に近い研究手法を採っていたので、明治日本が近代的な中国学・東洋史学を草創するにあたっても、その方法と成果を大いに活用した。中国文学・哲学の泰斗・狩野直喜《かのなおき》などは、考証学の正統を以て自ら任じていたほどである。かつての東洋史学もこうした考証学、「樸学」の実践を一種の理想としていた。

「樸学」のスローガンは「無徴不信」。つまり、書いていないことは信じない、証拠がすべて、の謂である。考証、実証というのは、証明の手続・結論が十全ならば、それで完結してしまう。そのものに至上の価値があるのであって、外のいかなる力も、覆すことはできないし、それ以上の権威づけや理由づけもいらない。

そのため実証にもとづく学問は、自立的である。経済的な条件さえクリアできれば、時世から超然とする、という立場と態度を貫くこともできた。「樸学」という概念表現は、学問の内容ばかりでなく、実践者のそんな行蔵もいいあらわしている。

そこでそんな「樸学」を志し、実践したのは、在野民間の学者である。政治にも権力にも関係なく、必ずしも効用的、実用的な成果を期さなかった。いわば学問のための学問であって、その意味で「官学」「実学」の対極にある。東洋史学というディシプリンは、そんな気風・伝統をうけついでもいた。

「京都学派」の背景

もっとも、日本独自の学問分野である東洋史学には、すでに書いたとおり、中国に対抗しようとする日本の自意識・ナショナリズムも、もともとビルト・インされていた。それが日本帝国主義の中国侵略の原資になったのは、否定しえない一面の真実である。そこは今日的な観点から、批判されてもやむをえない。植民地の朝鮮と勢力圏の旧「満洲」とを一体で研究すべきとした、いわゆる「満鮮史」という研究分野の認識・枠組などは、その典型なのであろう。

そこから、国のために学問をやると公言し、また実践もした矢野仁一のような例もでてくる。東洋史学がめざした「樸学」という観点においてみれば、自ら権力・国策に近づいたかれは、むしろ少数派なのかもしれない。そんな矢野でも、時局・実務から超然とした言動、いいかえれば、浮世離れ、世間知らず、役立たず、という面では、軍部を閉口させるほど、十分に「樸学」的だったのであって、決して東洋史学の同学たちの人後に落ちるものではなかった。

したがって戦前から戦後にかけ、ごく狭義の東洋史学にかぎっていえば、マルクス史学と異なって、論争・弾圧・転向、そんな華々しいものは何もない。権力に阿諛《あゆ》も賛同も、あるいは屈服もしなかった分、さしたる反対も争論も抵抗もしなかった。その自然体のまま、当局からとがめられたことは稀である。その半面、「満鮮史」なども含め、政策に実効ある寄与をしたとも思えない。可もなく不可もなし、というのが肯綮に当たっていよう。

その代わり、「樸学」として国家・政治・権力から超然としていたので、極論すれば、戦争とその結果も関係はなかった。戦後になっても、戦前の気分は、なお濃厚に残っていたのである。

京都帝大、とくにその文科大学（現・京都大学文学部）は、そんな「樸学」を涵養する器の役割を果たしていた。日本政府が東京の帝国大学に対置して、政治の場に非ざる関西・京都の地に帝大をあえて設けたのは、必ずしもそうしたねらいではなかったかもしれない。しかし「樸学」に従事した人びとは、いかに帝大にいようと、国家がどれだけ資金を投下し、権力がいかほど期待をしようとも、意に介さなかった。

政治の風向き・時流の転変など、自身に関わることではない。実証という研究の方法と成果に対する信念に、何ら揺るぎはなかった。そんな態度だったから、京都大学を中心とした戦後の「京都学派」が、戦前の鼻祖たる内藤湖南の学説を継承、堅持して譲らなかったのも、うなづけるところではある。

宮崎市定

そんな「京都学派」の雄、東洋史学で自他ともにみとめる湖南の後継者が宮崎市定。宮崎は湖南晩年の直弟子、湖南の時代区分・「唐宋変革」論を祖述して、おびただしい業績を残した。

たとえば「歴研派」が事実上発足した一九五〇年、宮崎が刊行した『東洋的近世』はその代表作で、時代区分論争の最前線に位置した。その書名にもある「近世」概念が、「歴研派」から多大の批判を受けたからである。

宮崎は「支那文化発展」の歴史を標榜した湖南、あるいはその後継者たちがあまり注意を払わなかった社会経済史を精力的に考究する。そのうえで「歴研派」の批判・所説に正面から立ち向かった。マルクス史学といわば同じ土俵で研究を重ね、宋代以降が「近世」だという立場を決して譲ろうとしなかったのである。その一端を紹介しよう。

まず「歴研派」の嚆矢をなす前田直典が依拠した、均田制に関する加藤繁の所説に対する宮崎の批判。

中国土地制度史の研究は、加藤繁博士が均田法の効果を過大視し、これが大土地所有の発展を食い止めてきたとし、宋代に入ってから大土地の荘園が流行したように考える見方を取られたため、最初からその方向が狂っていた……（「部曲から佃戸へ」『宮崎市定全集』11）

これが正しければ、「歴研派」の時代区分そのものの論拠が崩れ去る。

次に、宋代を「封建制」とする「歴研派」の見方に対する批判。一円的な大土地所有ではなくなってきた史実を示したうえで、反論する。

宋代以後農村においても土地の零細化が起り、大土地所有というも零細な土地をよせ集めて広面積になったにすぎず、従って地主は唐代以前のように、これを領主的に支配することができなくなり、小作人たる佃戸は封建的な束縛から解放されることになった……（「宋代以後の土地所有形体」『宮崎市定全集』11）

「領主」「封建」という概念をあえてもちだしたうえで、明快に否定した。

さらに、宋代「封建制」論の論拠をなした「佃戸」の地位。前節にみたような、「佃戸」に移転の自由がない、という「歴研派」の所説は成り立たないと断ずる。

佃戸移転の不自由の例として挙げられたものの中、最も重要な史料の大部分は逃移の場合である……これは単なる移転ではなくて逃移であること、即ち逃に意味があるのである。逃とは自己の義務を捨ててこっそり移転することである。……だから逃移とは始めから不法行為による移転を意味し、単なる移転とは全く異る。逃移が禁ぜられているから移転の自由がないと言うのは、不法行為が禁ぜられているから、行動の自由をもたないと言うに等しい……労働力が余剰であるか、或いは労働力が不足するかによって、佃戸の移転が自由になったり、不自由になったりするものと考えられる。（同上）

「歴研派」の所説は史料の誤読だというのであり、これがさらに批判を招いて、論争はいっそう激しくなった。

宮崎の着想と成果は、宋代と「近世」にとどまらない。時代の画期・タイムスパンは湖南に倣いながらも、先秦・秦漢時代における聚落形態、社会状況を西洋古代のギリシア・ローマに比定して、「都市国家」論をとなえ、独自の「古代」説を打ち立てた。

ついで、その「都市国家」の崩壊とそれにともなって勃興する貴族制のメカニズムを解明して、中国の「古代」に代わる「中世」のありようを描き出した。いずれも「京都学派」を導く基本的な学説となっている。

かくて「近世」に先立つ時代をも、オリジナルな専門研究にもとづいて精細に叙述して、自らの体系で中国史全体を構築しなおした。実際に通史を書き下ろしてもいる。まさに巨匠というにふさわしい。

その論拠

学説の批判、論争というのは、学問世界では別にめずらしいことではない。それを通じて、学問は深化し進歩し、発達するから、歓迎すべきことでもある。日本の東洋史学は現実にこの時期、長足の進歩を果たした、といってよい。

もっとも、この「京都学派」と「歴研派」との論争には、大きな特徴があった。佃戸制が中世の農奴制・封建制にひとしいとの説を批判した宮崎の意見を手がかりにみてみよう。

こういう小作人の弱味につけこんで地主が彼等を酷使するのは、法制的な権利でなく資本主義的な威力であり、それが近世的な特長でもある。(同上)

「資本主義的な威力」というところに注目してほしい。これを宮崎は「近世」の証左とするのだから、「歴研派」の所説を批判しながら、かれも忠実に、西洋起源の発展段階の論理、あるいはマルクス史学の枠組にしたがっていた。

宮崎の著述を通覧すればすぐわかるように、かれはマルクス主義・毛沢東思想に大いに批判的だったし、大陸の政権や日本の時流に同調、ないし阿諛することもなかった。時代区分を重視したけれども、その論争に積極的だったとも思われない。自身が論争の「相手にされた(なったのでない)」と述懐している(「論争家・仁井田陞博士」『宮崎市定全集』24)くらいである。

それでも、宮崎はやはり時代の子であった。かれが修学したのは、ちょうど大正時代。大正デモクラシーや社会主義が知識人に流布、普及してゆくなかで、かれも西洋の知識体系で学問の基礎を構築している。京都帝大では、河上肇からマルクス主義を教わった。唐とローマ帝国を比する「歴研派」に似た時代区分を構想したこともある。

したがって、社会主義・マルクス主義にいかほど傾倒したかはともかく、その発想の枠組・根柢は共通するところが多かった。宮崎も自ら「何だか私が唯物史観論者で、いわゆる唯物史観論者が本質はそうでないよう」と述べ(「部曲から佃戸へ」)、半ばそれを自認していたのは確かなのである。

仁井田陞との論争

そんな宮崎の発想・所説を痛烈に批判したのが、東大の中国法制史家・仁井田陞である。すでに「ギルド」に関連して紹介した学者だが、その研究範囲は、宮崎と同じく、古代から近代にわたって中国史全体を駆けめぐり、なおかつ世代も宮崎とほぼ同じだった。いわば東西の巨匠が、時代区分をめぐって論争をくりひろげたのである。まさしく戦後東洋史学界の偉観ではあった。

〔宮崎〕教授は資本主義が何かについて説明されていない。表明されている資本も、わずかに商業資本、高利貸資本のような前期的資本と受取れるものだけである。……資本主義という以上、産業資本を基軸として組立てられている生産様式をもつものである。……従ってこのような資本主義の概念の上に立って「資本主義」を、そしてまた「近世」を云々することは如何かと思われる。……

資本主義にも非合理性はある。しかしこのような意味での非合理性はもってはいない。守るべき一定の限界があるのはもとより、一方的な恣意＝身分的支配の行われないのが資本主義的契約の契約たる所以である。（「中国社会の農奴解放の段階」『中国法制史研究』）

地主の「佃戸」酷使を「資本主義的な威力」、とした宮崎に対する仁井田の駁論である。かれは徹頭徹尾、宋代は封建時代、「佃戸」は農奴だと主張した。ひろく「京都学派」と「歴研派」の、あるいは宮崎と仁井田にかぎっても、時代区分に関わる争点は、細かくあげていけば、もとよりさらにおびただしい。ただ論争そのものの性格を考えるには、最も典型的なこのくだりをみるだけで、ひとまず十分だと思う。

争点をなしているのは、「資本主義」の定義である。具体的にはたとえば、地主・「佃戸」間の「契約」による階級関係にほかならない。なぜそうなのか、といえば、その関係が「資本主義」であるかどうかで、区分する時代が決まるからである。そこでは、西洋の歴史から抽出した、「資本主義」＝「近世」だという発展段階の図式が、双方の暗黙の前提をなしていた。

いいかえれば、両者とも「資本主義」＝「近世」という概念規定・時代範疇を前提とすることに、何ら疑いを抱いていないわけである。その意味では、マルクス史学の枠組に忠実だった「歴研派」・仁井田はもとより、宮崎・「京都学派」も西洋人の考える発展段階理論に準拠し、そのものさしで中国の歴史を測定していた。その西洋人には当然、マルクス本人も含まれる。

ここに当時の時代区分論争の特徴と本質が存した。発想と思考の前提が同じであればこそ、所説のちがいは相手のデータの不備・考察の貧困・論理の破綻に映り、たがいに納得することが難しくなる。論争の劇化は避けられない。

論争の本質

中国史の時代区分をとなえた湖南は、西洋の歴史学をアカデミズムのカリキュラムで修得したわけではなかったけれども、その史観にはまちがいなく、歴史学的な「発展」観念が蔵されていた。さもなくば「近世」や「唐宋変革」という概念はでてこない。

そんな湖南と、たとえば第四章第2節で対比してみたのが、橘樸の「ギルド」である。湖南のいう「郷団」と同一の事物を指していながら、その所説はまったく逆の方向を向いていた。その分岐は端的には、漢語とカタカナ語による称呼にみてとれるだろう。

湖南は西洋の近代国家を念頭におきつつ、中国に即した語彙と論理で集団の動態を観察したのに対し、後者は社会主義を前提に、集団の特質を西洋の理論で理解、表現した。かくて一方は中国を西洋・日本より老いた社会、他方は「若過ぎる」社会だと、正反対の解釈になったのである。

同じことは、戦後の京都学派と歴研派の論争でもいえる。宮崎も仁井田も「資本主義」を基準とすることでは、まったく共通している。それを「資本主義的な威力」というように、やや広汎に柔軟に解して、中国の「近世」を措定したのが宮崎だったとすれば、「資本主義」を厳密に「産業資本」で組み立てられると定義し、「一方的な恣意」を許さない「生産様式」と限定して、宋代のいわゆる「近世」を否定したのが、仁井田であった。かくて「近世」か「封建制」かという二項対立・二者択一になる。

こうしてみると、第五章第1節でふれた戦前の中国農村慣行調査の「共同体」論争も、一脈通ずるところがある。争点は華北の農村に「共同体」があったか、なかったかであって、やはり二者択一。それを導いたのは、考察の対象たる慣行の実態・データでは必ずしもなく、むしろ「共同体」という概念をいかに定義するかにあった。

調査結果を「共同体」概念でくくることは、暗黙の前提であった。その存否を争った調査員の平野義太郎も戒能通孝も、そこは変わらない。前者は資本主義を超克する「アジア主義」の観点から「共同体」が存在するとみなし、後者は近代化・資本主義化の観点から「共同体」が存在しないと論じた。いずれも同じ字面の概念により、資本主義を基準にしながら、その考えた理論内容が同じでなかったために、論法・結論も異なってくるわけである。

史料の読解・データの解析・事実の解釈は、たしかに分かれることもあった。その正誤は重大である。しかし必ずしも、そこに核心があったのではない。各々のそうした考察、理解の前提をなして、その正誤じたいをも左右した中国の社会・歴史に対する視角、ひいてはその視角を形づくる思想の問題であった。

しかもそうした思想の分岐は、西洋の理論・概念をいかに解して、どこまであてはめるか、で生じただけである。西洋の学問・モデルで中国社会を観察して、位置づけようとしたのは、いずれも同じだった。

そもそも歴史学、ひいては学問全体が西洋で成立した以上、西洋がモデルになるのは、不可避な宿命である。学問であるからには、それ以外に進めようがない。問題はどこまで、そんな西洋モデルをそのまま適用すればよいのか、対象の性質に応じて、いかに反省し、どれほど修正してゆくのか、にある。

西洋に非ざる世界を対象とする東洋史学で、とりわけその課題は重かった。時代区分の論争はまさに、そこから生じたものである。にもかかわらず、論争の当事者がそれを自覚的に意識していたとは思えない。

議論をたたかわせたなら、互いの所論を分岐せしめる問題の根源をつきとめなくては解決しない。

それは宮崎・仁井田の世代では、けっきょく果たしえなかった。論争がなお、次の世代にも継続したゆえんである。

4　谷川道雄

「階級論」の制覇

前節まで、第二次大戦前後の中国史にかかわる論争の概略とその特徴をみてきた。もっとも専門の学界では、多く周知に属することがらであって、たとえば岸本美緒（一九五二〜）は、つとに自身の明清地域社会論を構築するため、日本の東洋史学史を綿密に検討している。このたび筆者も、大いにその整理を利用させていただいた。あらためてその一節を引いてみよう。

戦前の日本の中国研究は、社会団体の問題に大きなウェイトをかけていた。戦後、そのウェイトは大きく階級論の方面に移行した。無論、社会団体や共同体の問題が扱われなくなったわけでは決してないが、理論志向の中国研究者の関心は、社会団体や共同体の結合そのものよりも、その中に貫徹する階級支配の様相にそそがれていたといってよいであろう。（「『市民社会』論と中国」『地域社会論再考』）

以上をごく乱暴にまとめてしまえば、戦後の中国研究は「階級論」一色になった、というにある。「社会団体」とは、内藤湖南のいう「郷団」や橘樸の「ギルド」、平野義太郎や戒能通孝の「共同体」を指す。「階級支配」「階級論」とはたとえば、宮崎市定と仁井田陞が論争した地主・「佃戸」関係のことである。

当時は社会主義流行の世、島田虔次《けんじ》（一九一七～二〇〇〇）の表現を借りれば、「マルクス主義イコール科学という信仰、人類史の発展の究極はロシア・中国の如き共産主義社会という信仰」が瀰漫していた（「序論」『アジア歴史研究入門　1』）。狭いアカデミズム、もっと狭い歴史学の中でも、マルクス史学がかつてない権威をもったのである。その理論こそ「科学」「法則」にひとしかった。「世界史の基本法則」と称されたことすらある。

すでに述べたとおり、当時その措定を疑う向きはごく少なかった。筆者などはそうした世相・気運を、なお肌で感じることのできた最後の世代に属するかもしれない。うたた今昔の感がある。

マルクス史学では、それまでの「停滞論」からその克服に転じて、中国の唐宋変革を「古代」から「中世」への「発展」だとする「歴研派」を生み出した。他方、いかに樸学に徹した「京都学派」といっても、湖南のストレートな継承だったわけではない。

宮崎市定がことさら積極的・精力的に社会経済史の研究にとりくんだのは、その象徴である。社会経済史研究の盛行それ自体が、マルクス史学・マルクス主義の理論に依拠するか否かにかかわらず、戦後思潮の影響を受けたものだった。いかに宮崎でも、そこから無縁ではありえなかったし、その下の世代なら、なおさらである。

「社会団体」はどこに

その点、「ウェイト」の「移行」という表現では、いささか婉曲に失する。筆者なりにいいなおしてみよう。

戦前に社会の「結合」が関心の的になり、とりわけ「共同体」概念に着眼が集まったのは、マルクス史学がその概念を用いて「アジア的生産様式」をとなえたからであり、流布したいわゆる「停滞論」とは、それを中国にあてはめたものだったからである。階級闘争は歴史的な「発展」「進歩」に直結する概念だから、中国「停滞論」に染まっていた戦前の日本で、それが有力な論点になるはずはなかった。

つまり「社会団体」と「階級論」とは、マルクス史学の論理にもとづくかぎり、いわば二者択一、ふたつを同時に関連づけることが、論理的に難しくなってしまうのである。「停滞論」が一転タブーになった戦後、今度は「階級支配」一色になったのも、理解しやすい事態であって、「社会団体」に対する冷淡な態度は、ちょうどその裏返しである。

「歴研派」に対抗した「京都学派」でも、このことはかわらない。宮崎は湖南の直弟子で、宋代以降を「近世」とする時代区分を大いに論じたけれども、論点は「階級論」ばかり、「社会団体」の「結合」は論じなかった。師・湖南の「高説を祖述」（『東洋的近世』）しながらも、いわゆる「郷団」にふれた記述は、管見のかぎり皆無である。

かえって論敵の仁井田のほうが、戦中から「ギルド」の調査研究にたずさわっていただけに、論及はおびただしい。もっとも趣旨は、一貫して橘とかわらず、西洋の史実にもとづいた「ギルド」＝

「中世」「封建」であり、新たな展開はほとんどなかった。仁井田は戦後、宋代の小作人「佃戸」を「農奴」とみなしたから、そこで「ギルド」があれば、いよいよ中世封建社会にほかならない。もって「歴研派」の宋代「中世」説を補強したわけである。

この傾向は時代区分の論争がつづくかぎり、存続した。こうしたみかたに、論争そのものが支えられていたともいえる。しかしそのなかにも、新たな胎動はあった。

谷川道雄の登場

その胎動を体現する人物としてあげるべきは谷川道雄、すでに第三章第3節で内藤湖南の時代区分論を紹介するところで言及した東洋史家である。学統としては、宮崎の門弟にあたり、「京都学派」の代表者と目された。けれどもその研究の経歴と内容をみれば、そう単純、機械的に分類できない。島田虔次の端的な紹介にも、以下のようにいう。

谷川自身は六朝史の専門家であり、最初その時代を古代とする立場をとったが、やがて行き詰まり、新たに独自の中世説を開拓していった研究者である（「序論」）

つまりかれは元来、いわゆる「京都学派」ではなかった。「京都学派」なら唐に先立つ「六朝」は、「中世」である。けれどもかれは、「古代」としていたのだから、むしろ「歴研派」だった。その学説による研究が「行き詰まり」、六朝「中世説」に転じたのである。

当然ながら、当時に華々しかった時代区分論争の当事者だったわけでもあり、そこに「深刻」な問題を含んでいる。こうした谷川の知的軌跡が、近代日本の中国史学、ひいてはいっそうひろく中国観をみわたせる大きな手がかりになると思う。

谷川道雄は、われわれ東洋史家にとって著名な碩学であっても、世間的にはほぼ無名かもしれない。民俗学者の谷川健一、詩人の谷川雁《たにがわがん》の弟だといえば、少しは通りがよいだろうか。もっともそんな血縁は、以下の議論にほとんど関係しない。

研究歴を簡単に紹介しよう。一九五〇年代、まず「安史の乱」など、唐代史の研究で学界にデビューし、やがてその唐の前身をなす北朝、さらにそれ以前の五胡十六国、つまり「六朝」の時代にさかのぼり、制度史・社会史へと研究をひろげていった。

そのなかで、湖南のとなえた「貴族制」を独自の観点からふかめて、構築したのが「豪族共同体」という所説、学界では俗に名を冠して、「谷川共同体理論」と呼びならわす。そこには、畏敬と批判がないまぜになった響きがある。定説でないことも、当然あわせ意味している。

貴族制と九品官人法

「貴族制」とは、家柄・血統のちがいを貴賤とみなし、その価値観で政治的社会的経済的な地位・身分・特権が決まる体制をいい、貴族とはそんな優越した地位・身分・特権を排他的に世襲独占する個人・一族を指す。

それほど高貴ではない勢力家も、各地に存在していた。これを豪族と称する。豪族と貴族の間に、本質的なちがいはない。いずれもおおむね大土地所有者であり、社会的経済的に優越した勢力を有する大家族を意味する。だが、すべての豪族が貴族ではありえない。貴族の家はごく少数で、数多の豪族に優越する地位を保持していたから、やはり両者は異なっている。

そのように貴族が政治的社会的に君臨できるメカニズムを解明したのは、宮崎市定が一九五六年に発表した『九品官人法の研究』だった。「九品官人法」とは三世紀から六世紀まで、著名な科挙制度の導入以前の中国で行われていた官吏登用法である。宮崎はその歴史的な内容と意義を精細に説きつくして、貴族制の興亡を描き出した。

要点は「起家」、つまり初任官にある。当時は、郷里の「コモンセンスによる人物評価」が定める初任官で、官界の出世コースがほぼ決まるしくみになっていた。そのキャリアの高下が、とりもなおさず家柄のランクづけと化して、貴族制を成り立たせたのである。

だとすれば、貴族にとって最も重大なのは、初任官とそれを左右する郷里の「人物評価」になる。谷川はこうした宮崎の研究成果をうけ、当時の「社会の基層」のありようを描き出そうとした。着眼したのは、豪族と貴族の関係であり、また豪族をめぐる環境である。

「豪族共同体」

在地のローカルな無数の勢力家がいかにして、中央の全国的に希少・高貴な門閥に転化しうるか。かれはその契機を宮崎のいう郷里の「人物評価」に求めた。その「人物評価」をおこない、貴族を「支配階級たらしめるものは、本来的に言えば、天子やその行政府ではなく、政権の外側にある各人の郷里世界だということになる」。そんな「世界」を作り出す組織を「豪族共同体」と称した。

　大土地所有者の「豪族」の周囲には、小土地所有の自作農が少なからず存在していた。自立小農の広汎な存在が、当時の中国社会の特徴でもある。こうした構成の社会で、豪族が指導層となりうる条件とは何か。単に勢力を有するだけでは、不十分であった。

　勢力を有する、大土地を所有するとは、大なり小なり、他者に対する抑圧収奪、蚕食兼併を意味する。それが拡大するばかりなら、社会はいずれ豪族の大土地所有一色となって、自立小農の存在する余地がない。自立小農が厳然として存在していた以上、かれらが暮らせて、なおかつそこで豪族に高い「人物評価」を与える条件があったはずである。谷川はその条件を、豪族の有する人格であり倫理であったと見定めた。

「豪族層はその大土地所有を無限に拡大」するのではなく、困窮した人々に「おのれの資産の余剰部分を救済」として施し与えることで、高い「人物評価」をかちえたのであり、「私利を抑え公義に向うという倫理観念」が、豪族に社会に対する指導性をあたえた。こうして窮民・小農・豪族が同じ場で共同して暮らせる社会、つまり「共同体」の維持が可能となる。中国全体の指導層たる貴族は、こうした「豪族共同体」から生み出され、それをすそ野として存立できていた（「「共同体」論争について」『中国中世の探求』）。

　以上ごくおおまかに、いわゆる「豪族共同体」を説明してみた。谷川はこうした社会構造の上に成り立つ「貴族制」の六朝時代を、中国の「中世」ととらえたのである。

批判

これに対し、多くの批判があがって、激しい論争となった。時に一九六〇年代・七〇年代。先に紹介した宮崎・仁井田につづく時代区分論争のピークである。

反論は六朝時代を「中世」とする見方に集中した。主として「古代」とみる歴研派によるもので、宋代に対する宮崎・仁井田の「近世」「中世」という二者択一的な論争を髣髴させる。ただこのときは、論争の外形こそ似ていても、決してリフレインではなかったところに注目したい。

仔細にみてみよう。「古代」＝奴隷制とみなす歴研派は、「貴族制」の存在に否定的だった。したがって、貴族を生み出す「豪族共同体」の存在にも懐疑的、否定的になる。その実在を主張した谷川らに対する批判の骨子は、所説が「観念の世界に傾きすぎて」、「その倫理性の指摘は余りにも強調し過ぎで」、理解に苦しむ、というものだった。

あからさまな政治的立場として、糾弾する向きすらあった。以下は同世代の研究者、五井直弘《ごいなおひろ》・菊池英夫・重田徳《しげたあつし》らの発言。谷川共同体理論は「階級支配の本質をアイマイに」し、「平和と民主主義社会の実現をめざす現代の闘いに、背を向けるもの」である。谷川がかつて「歴研派」に属していた経歴をもつにもかかわらず、そんな理論を立てるのは、「かりそめにも階級史観の洗礼を受けた人の発想とは思われない」。「唯物史観を基調とする史的構図からの離脱」という、誤った「世界観」をあえて「選択」した、と断ぜられた。

もとより谷川は、反論する。かれは「自身の説について不安を感ずることがな」かった。立場の攻撃に対しては、「イデオロギッシュであり且つデマゴギッシュであって、学術性を欠いている」と厳しく指弾し、「倫理性」を「余りにも強調し過ぎ」ている、との批判には、「その「倫理性」ないし「精神性」が再生産構造の不可欠な主体的条件」だと応じる。あくまで自説を譲らなかったのである（「「共同体」論争について」『中国中世の探求』）。

専門研究の門外漢たる筆者は、この所説・論争の学問的な当否を断ずる能力・資格をもたない。しかしそうした当否は、さしあたりここでは問題ではないであろう。注目すべきは、なぜこのような応酬になったのか、さらにさかのぼれば、なぜ谷川が「共同体」理論を着想したのか、また理解されないなか、なぜそれを譲らなかったのか、その「思想状況」にある。

「異端審問」

谷川ももと「歴研派」である。批判者たちと同じく「階級史観の洗礼を受け」、「戦後の方向に影響を受けることが大きかった」人物にちがいない。自らを「実践者」とも称していて、そんなマルキストの自覚に揺るぎはなかった。

しかし「認識者として」は、その「階級史観」の内容を、「民衆というものが存在し、権力者と闘い、歴史を変化させた」とみるだけでは満足できなかった。民衆は「たんに被支配者であるというだけでなく、次第に組織化し、新しい社会秩序を形成して行った」はずである。それなら「新しい社会秩序」とは何か、それがかれには、どうにも摑めなかった。自身のことばを借りれば、「階級乃至階級闘争というものに対する機械論的把握を脱却できなかった」のである（「一東洋史研究者における現実と学問」『中国中世社会と共同体』）。権力者・勢力家が支配しながら、なお自立小農が多くを占める社会の秩序構造、階級関係を説明するのに、階級闘争という概念では不十分だった。「少からぬ努力を要した」すえ、たどりついたのが、「豪族共同体」の理論であり、貴族の「倫理性」・精神的指導性という論点であった(「はしがき」『中国中世社会と共同体』)。谷川はその到達をいいあらわすのに、「のりこえる」という表現を使っている。自身としては、決して「階級関係の存在と規定性を否定したことはな」く、「階級史観」から「離脱」したわけでもなかった。

私は六朝社会が私的土地所有の上に立っていたと考える。しかしこの時代の階級関係が直接それを契機として成り立っていたかといえば、それはそうではない。むしろ私的土地所有の無限の展開を抑止しようとする「精神性」「倫理性」の社会的機能をふまえたすがたで、階級関係が成立していたと考えたいのである。

あくまで当時の中国の「階級関係のあり方」をつきつめて考察した結果なのである。だからこそ、かれは自身に向けられた批判を受け入れることはできなかった。「異端審問」という比喩まで動員して反撥する。「自己の思想的政治的立場に同調しない研究者に対して、学問外的批判を加えるという態度があとを絶たない」のは、「戦後における「階級史観」の神聖化」によると見切ったからである(「『共同体』論争について」『中国中世の探求』)。谷川はかくて、周囲が「倫理性」「精神性」という自身の論点を理解できない素因を思索する方向に向かう。

「近代主義」

注目に値するのは、谷川がある批判を引いて「基本的対立点は階級史観か共同体論かという基本的な立場の相違」であり、「それが互にかみ合わないまま平行状態を保っている」と記し、これに「不満を覚え」ていることである。かれは「階級史観」をつきつめて、階級関係が「共同体」というありで支えられた、と論じているのだから、この二者択一的な整理に「不満」なのもよくわかる。

では、なぜそんな整理になるのか、といえば、「階級史観」と「共同体」概念は、二律背反である、という先入主、定見が評者の頭から離れないからにほかならない。では、なぜ離れないのか。いわゆる「階級史観」が「神聖」不可侵だからである（「「共同体」論争について」『中国中世の探求』）。

その「史観」とは、「階級」は「闘争」するものであって、そこから「進歩」「発展」が生まれる、という見方である。中国史が「進歩」「発展」の歴史であるなら、その史実の展開はこうした「闘争」の過程しかありえない。さもなくば「停滞」しかなく、「闘争」しない「共同体」とは、「停滞」を導くゆえに、中国史の把握においては、タブーの概念となった。

したがってそこで想定される社会の構成、あるいは階級関係は、所与のア・プリオリな前提だった。中国「六朝」時代の文脈で、それに異をとなえたのが、かつて「階級闘争」を信奉していたはずの谷川の「共同体」論であって、だから激怒を買ったのであろう。「かりそめにも階級史観の洗礼を受けた」以上、「共同体」をとなえればそれは「転向」であり、「異端」にほかならない。

心ならずも「異端」とされ「審問」を受けた谷川の反論は、こうした「史観」を導く根源的な発想にまで及ばざるをえない。かれがゆきついたのは、「戦後の反体制運動に内在している近代主義的発想」であった。

いわゆる「近代主義」とは、「ヨーロッパ史の発展過程を正常とする見方」、「近代」とは端的には、ヨーロッパ世界が「主導権を握った」資本主義のことを指す。資本主義は「私有財産制の最高の段階」であって、その私有財産制・私有制の「発展」こそが、階級とその闘争を生み出してきた。

谷川によれば、そのヨーロッパ資本主義は「過去の諸段階を自己の社会への先駆として把握しようとするとき、人類の全歴史を私有財産制の発展史として認識する傾向」をもつ。ヨーロッパ・資本主義だけの「発展史」を、ほかの世界にも「正常」なものとしてあてはめ、「人類の全歴史」にすりかえるわけである（「一 東洋史研究者における現実と学問」『中国中世社会と共同体』）。

これを「中国史研究に限定していうならば、歴史を階級支配の基礎としての私有制の発展史というパースペクティヴのみでとらえそれを近代に接続しようとする」見方になってしまう。


戦後歴史学が……もっぱら私有制による生産関係の抽出・分析に終始し、もって中国史の総体を再構成しうると考えてきたのは、史家が近代的価値基準に慣れてしまっているからではなかろうか。（「「共同体」論争について」『中国中世の探求』）

こうした「戦後的思想の反省の上にきずかれた」のが、谷川共同体理論にほかならない。

したがってそれは、単なる東洋史学・中国史学の一学説・一理論とみなすだけでは、おそらく不十分である。戦後日本に瀰漫した「反体制運動」を貫く「発想」を「反省」する以上、ささやかながら日本人に支配的な中国観、あるいは「思想」そのものに対するプロテストでもあったわけである。

挑戦

谷川の問題意識は、まことに尖鋭であった。専門の中国史研究を通じ、日本人一般の「戦後的発想に対する批判」をあえてしたからである。東洋史学という狭いアカデミズムのなかにありながら、普遍的な「思想状況」に対する疑懼《ぎく》をかくさなかった。

それは専門の内部では、ごく卑小な「時代区分上の亀裂」でしかなかったかもしれない。けれどもひろくみれば、「中国史に対する学問方法の問題、ひいては現代日本人の中国に対する理解方法の問題がからんでい」た（「中国史の時代区分問題をめぐって」『中国中世の探求』）。

マルキストでありながら、研究の対象を中国史にさだめたがゆえに、マルクス史学にあきたらなかった。それればかりではない。なぜ多くが階級闘争史観を「神聖化」する考え方になってしまうのか、谷川はそこまで問わねばならなかった。

見いだした答えが、階級闘争史観・マルクス史学にそもそもビルト・インされていた「近代主義」という西洋思想であり、それと向き合う日本人全体の姿勢である。

その特徴は「歴史把握の基準を私有財産制の発展においている点」にあった。そのため「私有制」が「欠如」すれば全く「発展」しない「停滞」論になり、「未熟」ならヨーロッパより「発展」していない落伍した社会と「把握」せざるをえない。中国史の時代区分論は、階級闘争史観か否かにかかわらず、この「私有財産制の発展」史しか見ない「近代主義」を前提とするため、「停滞」論あるいは落伍論から脱却できなかった。

谷川はいう。ヨーロッパ社会は確かに「私有財産制の発展史としてとらえうる特徴を」有していたかもしれない。けれどもそれで、「私有制がヨーロッパ世界ほど体制化を見なかった中国社会」をほんとうに理解できるだろうか（「『共同体』論争について」『中国中世の探求』）。「わたくしたちの中国史把握は」「従来のヨーロッパ主義的近代主義的歴史認識を単に排除してしまうのでなく、ある意味ではこれを包摂し、そしてこれを超えてゆくような視座に立たねばならない」のではないか（「中国社会の構造的特質と知識人の問題」『中国中世社会と共同体』）。

それは中国史・マルクス史学にとどまらない、日本人の「戦後的思想」と「歴史認識」に対する果敢な挑戦でもあった。

孤立

谷川は宮崎市定の門弟である。両者ともにマルクス史学の影響で社会経済史を重視し、同じく中国の六朝時代を「中世」とみた。当然いずれも「京都学派」に数えられたし、自意識もそうだったろう。何より谷川は、宮崎の九品官人法の研究から着想を得て、その学説・理論を発展させたのである。

しかしただならぬ差異がある。中国社会あるいは「社会」全般のありようをつきつめて考え、表明したかどうか、かれら自身をも含む日本人の「思想状況」にまで、省察のメスを入れたか。二人はここにおいて、截然と異なっていた。「社会団体」を語らなかった宮崎も、谷川の観点でいえば、疑いなく自身の抗った「近代主義」の範疇に入るからである。

それゆえに谷川は孤立した。「京都学派」というスクールで括れば、あるいは歩みを同じくしていた、と端からは見えたかもしれない。しかしその「共同体理論」、「倫理」・モラルを重視する論理には、同じ「京都学派」でも、ついていけない向きが少なくなかった。研究活動を同じくしていた「中国中世史研究会」というグループすら、そうである。最も身近な研究者から「違和感を覚えた」、「批判的に継承発展させる道を取り得なかった」との公言もあがった（「まえがき」『中国中世史研究　続編』）。さぞ谷川本人もやりきれなかったことだろう。

時が移って一九八〇年代、歴史学・学界全体の行く末にも、谷川は憂慮を禁じ得なかった。「時代区分問題を正面から論ずることは少なくなった」からである。

かれのみるところ、八〇年代以降は「全時代を見とおすような巨視的な問題に関わるよりは、個々の歴史事象をミクロに観察し記述」する作風に変化した（「中国史の時代区分問題をめぐって」『中国中世の探求』）。「それ自身としてはきわめて精緻であり、その価値を毫も疑うものではない」としても、谷川には納得できなかった。それはしょせん、「固有の体質をもって生きて動いている中国社会に」つながらない、「目標を失った」研究の「細分化」であって、「研究者の問題関心が現実世界から離れて自己の個人的興味に向かった」にすぎない。

以上のように「あえて苦言を呈」したのも、谷川にとって、それは憂慮すべき「思想状況」への反省がないのと同義だからである。その孤立感は深かっただろう。停年を迎えた谷川は、「自分の歴史は自分で終らせるより仕方がない」とつぶやかざるをえなかった（「総説」『魏晋南北朝隋唐時代史の基本問題』、「あとがき」『中国中世の探求』)。

なぜ「中世」なのか

その歎きはよくわかる。谷川の論著・発言をたどるかぎり、逐一共鳴を覚え、納得できることばかり。しかし谷川本人にまったく非がないといっては、やはり言い過ぎである。

「共同体」理論のいわんとするところは、本書の説明で大過ないのなら、浅学の筆者も理解できたつもりである。それでも、なぜそれが「中世」なのかは、依然よくわからない。

いわゆる「共同体」の性格が秦漢時代から変化したので、六朝時代とは区分できる、というのが、その論拠である。前代とは異なる「豪族共同体」の根幹をなすとした谷川の中核的な論点は、貴族の「倫理」であった。しかし岸本美緒も指摘する(「モラル・エコノミー論と中国社会研究」)ように、それが「私利」をおさえ「公義」にむかう自己抑制の精神だというなら、とくに六朝に限ったものではありえない。どの時代でも存在しうる。

事実、谷川は自ら、六朝時代の貴族が有した高い「倫理」と宋代以降のエリート「士大夫」の資格とが、「全く軌を一にする」と述べる(「中国社会の構造的特質と知識人の問題」『中国中世社会と共同体』)。六朝と宋代とは、京都学派でいえば「中世」と「近世」、歴研派なら「古代」と「中世」で、いずれにせよ、時代・段階が截然と異なるはずである。六朝を「中世」といい、その論拠を「倫理」とするなら、「倫理」で保たれた「共同体」は、時代・段階が変わったはずの宋代以降、どうなるのか。「全く軌を一に」したはずの「士大夫」は、「共同体」を結ばなかったのか。当時そのあたりに、もっと説明が必要ではなかっただろうか。

これは第二章第3節で述べた、矢野仁一が亡き内藤湖南に投げかけた「唐宋変革」批判を思い起こさせる。つまり「士」「庶」の階級関係・社会構成は、中国史を通じて変わらなかったのではないかという疑問であり、矢野のこの所論は当時にあっては、時代区分さえ否定する「停滞論」にみまがうものにほかならなかった。

実際のところ、「倫理」を基軸とする谷川「共同体」理論も、それと一脈通じる側面がある。岸本は遠慮して、あえて明言しないけれども、そこまでいわねば意味が通じない。

なぜ「共同体」なのか

そもそも「共同体」という概念をあえて使ったところ、注目に値する。のち谷川じしんは「共同体」に「厳密な概念規定を与えて来なかった」と述懐した。けれども、まったく融通無碍に用いたわけでもない。

「停滞論がその根拠とした当の」「村落共同体」を「中国における歴史形成の主体的モメント」に「推定した」というから、典拠はまぎれもなく、マルクス史学の「共同体」概念である。そしてその中国史における「自己展開過程」を、ヨーロッパの「私有財産制の発展史」に対置し、それを「包摂」すべきものとして措定した。あるいは、「私有制が成立している歴史段階の下での共同体とは、まさしく私有制の抑止ないし超克の意味として実在し機能する」とも述べており、そこに谷川学説の理論的基礎がある（「「共同体」論争について」『中国中世の探求』、「中国社会の構造的特質と知識人の問題」

『中国中世社会と共同体』）。

それは決して「停滞論」の「共同体」ではない。しかしマルクス史学の術語概念にはちがいなく、しかも論理としては、資本主義の「超克」を共同体の存在に求めた平野義太郎らの「アジア主義」とも同じである。

資本主義＝私有制の発展史＝階級闘争というテーゼに対抗するのは、「共同体」であるとする図式・措定が、谷川にも抜きがたく残存していた。かれが「階級史観の洗礼を受け」ながら裏切った、と指弾する「異端審問」にさらされなくてはならなかったのも、究極的にはそこに理由がある。

谷川のいう「共同体」とは、戦前の「停滞論」「アジア主義」とまったく無縁とはいえない理論概念なのであって、自身もそこは自覚していなかったとは思えない。晩年のかれが内藤湖南研究に従事したのも、時代区分論が言われなくなった「思想状況」に「苦言を呈する」ほか、そのあたりに根源的な動機がありそうである。

谷川は湖南の「中国社会を内在的に見るという視点」、「ヘーゲルやマルクスやウェーバーに欠けた」もののみつめなおしをよびかける（「〈中国中世〉の発見とその思想」『中国中世の探求』）。その「視点」があったからこそ、湖南は独自の中国史の体系・時代区分論を構築できたのであり、かれ自身もそれを承けて、六朝時代を「中世」だと説くことができたという。その「中世共同体」理論を湖南の継承だと位置づけ、中国史には独自の発展の論理がある、とくりかえした。

しかしそうだとすれば、谷川には湖南の議論の核心たる唐宋変革、すなわち「中世」と「近世」、貴族の「倫理」と士大夫の資格とのちがいを、自らの理論に即して明示する必要があったはずである。かれは後年、どうやらこうした点に思い至り、新たに近世の「宗族共同体」、通時代的な「国家共同体」「家族共同体」などの概念を用いて、「中世」にとどまらない把握をこころみた。だがそのいずれも、「中世共同体」との「共通性」の強調が勝っており（「六朝時代の宗族」「中国国家論序説」『谷川道雄中国史論集』上巻）、時代・段階を区分する明確な理論・説明には、必ずしもなっていない。「自身の考えを反省してみること」の「必要」をうったえ、実践もしてきた谷川も、「中世共同体」の理論化で「終らせ」てしまい、「生きて動いている中国社会」の実態を、いっそう長いタイムスパンの「全時代」で「見とおす」ことがなかった。各々の時代における「社会構造」をもっとみつめてほしかった、と感じるのは筆者だけであろうか。

むすび——日本人のまなざし

観点

石橋湛山の中国観に対する批判から説き起こし、中国社会をみつめた日本人を追いつづけてきた本書は、谷川道雄の理論に対する批判で締めくくることになった。

もとより批判が目的ではない。筆者も面識のあった谷川までとりあげたのは、かれらの知的生涯がそれぞれの典型を示したものであって、中国をみつめる日本人全般の歴史的な習癖をも、よく映し出しているからである。

近代日本の眼に映った中国像は、多種多様だった。それは「支那通」と呼ばれた人々の出自・関心・対象が多岐にわたったことと並行する現象である。軍人もいれば、文人もいた。半ばいかがわしい「大陸浪人」も含まれる。

たしかに目前の政治・軍事・経済は、大きな課題だった。あるいは、古来親しんできた文藝も、大方の関心をひくものであっただろう。しかしいずれも、中国の全体をみわたすには足らない。現状の分析だけでは、時間・空間が限られるし、文学であれ哲学であれ、ごく一部の知識人しかカヴァーできない。はじめから視野を狭めては、偏向がみえにくくなる。

本書があえて歴史と社会、東洋史学を中心にすえて論じたのは、時間も空間も包括的で、基層の社会・経済から上層の政治・文化まで目配りができ、それだけにまなざしの曇りも、偏りもわかりやすいからである。その最大の焦点をなすのが、「社会団体」とそれが形づくる中国社会の構造であった。戦前に中国の「社会団体」に着眼した立場も、さまざまだった。「支那通」もいれば、ギルド社会主義者もいる。西洋思想であっても、社会主義とはかぎらないし、社会主義だったとしても、マルクス主義ばかりではない。「アジア主義」に「転向」する者もいれば、いずれにもあきたらず、「王道」をとなえる者もいた。戦前の中国観には、それだけの振幅がある。そこできわだつ論点・概念が「ギルド」と「共同体」だった。

既成の資本主義に閉塞感が深まった大正デモクラシーの時代に、日本の若きインテリたちを風靡したのは、西洋の社会主義思想である。その現象は近代日本の西洋式アカデミズムが、このとき確立したことと無関係ではない。「ギルド」も「共同体」も社会主義と深く関わる概念であり、いずれも西洋の社会・歴史から生まれた理論を前提とする。

それが日本人の中国観にもたらしたのは、中国の政治・社会を西洋・日本と同一視したうえで、西洋を基準《ものさし》として対比する認識法である。それは中国人「よりも中国のことをよく知っている」橘樸も、中国「のことは全く分らなかった」吉野作造も、「我国民の認識不足」を歎いた石橋湛山も、程度の差こそあれ、選ぶところはなかった。

戒能通孝は資本主義・近代化の理論から共同体の存否を考え、中国には西洋・日本のような近代化の前提がないとみた。その「脱亜主義」の結論は、マルクスがとなえた「アジア的生産様式」にもとづく「停滞論」と同断である。他方、「共同体」に近代・資本主義の超克を託して「アジア主義」に「転向」する平野義太郎のような人物たちもいた。さもなくば橘のように、「王道」主義に「方向転換」している。

いずれも西洋思想のヴァリエーションであって、ひとしく中国侵略に帰結せねばならなかった。こうなってしまう日本人の思惟構造・思考様式にこそ、根本的な問題があろう。

戦前と戦後

戦前の中国観は軍国主義の抑圧の所産だったから、一新しなくてはならぬ、と標榜してはじまったのが、戦後の「停滞論」克服の動きである。中国は「停滞」しておらず、歴史的に「発展」してきた過程を立証することが、戦前の過ちを払拭するにひとしい。

そんな目標に達するため、不可欠のよすがとなり、「神聖化」されたのが階級闘争論である。戦前に議論が華やかだった「社会団体」・社会構造の問題は、時を同じくしてふれられなくなった。階級闘争でなければ、とりもなおさず「停滞論」、という二者択一の論理になったからである。一見すれば、戦前と戦後の中国観は、大きく異なるように映る。

谷川はそれを批判するなかで、階級闘争を「神聖化」する「近代主義」を剔抉《てっけつ》した。戦後日本の「思想状況」の本質が、「私有制」のヨーロッパを前提・基準にして考える「近代主義」に存するなら、それは戦前のありようといかほども変わっていない。たんに戦後日本でマルクス主義が普遍化し、それによって思想界が画一化しただけのことである。さきに中国観の「振幅」といったのも、多元的な多様さではなく、あくまで西洋思想という一つのものの振れ幅だからである。

西洋思想・「近代主義」「私有制」を前提としない研究分析などありえない。学問・科学というものがヨーロッパ近代でできた以上、研究対象が西洋か否かにかかわらず、それは不可避な宿命だといえる。中国学・東洋史学に限ったことではない。

けれどもその研究の実践は、西洋の理論概念を条件の異なる対象と無前提、無媒介、無批判に短絡させるような安易な手続であってはなるまい。島田虔次の比喩を借りれば、「靴に合わせて踵《かかと》を切ってしまうのでなく、靴をたえず踵に合うように修正してい」かねばならなかったはずである（「王陽明集　解説」『中国の伝統思想』）。その逆となってしまうところに問題の核心がある。

「ギルド」にせよ「共同体」にせよ階級闘争にせよ、いずれの理論概念も「近代主義」の産物であって、それを安易に中国社会に短絡させている。戦前は「ギルド」で中国落伍論、「共同体」で「停滞論」に帰結し、中国侵略に荷担した。その「停滞論」はもとより克服しなければなるまい。しかしそれだけでよかったのだろうか。

その問いに気づいたのが、谷川である。しかしかれもやはり、マルキストだった。「共同体」という概念に固執したところに明白である。短絡させたわけではないけれども、「近代主義」の概念範疇にとどまったために、中国侵略の再現を恐れる「異端審問」を誘発した。

「近代主義」と日本人

「中国社会の構造を論ずることができ」ない「近代主義」・西洋思想で中国に向き合って、心ならずも侵略に荷担してしまう。これこそ近代日本の隘路であった。それなら、そんな「近代主義」の内容と限界を知らなくては始まらない。谷川は内容を喝破しても、限界をみきわめなかった。それがわれわれ後進の責務になる。

おそらく「近代主義」そのものが問題なのではない。それを無条件にあがめたてまつるわれわれの知性・心性、外来の思想ならすべて尊重すべきだと信じ、難解な概念ならすべて高尚だとみるナイーヴな感覚こそ、問題である。

学説や理論・知識は、すべからく外来語で表現し立論すべし。古くは漢語、新しくはカタカナ語の概念、いまならさしずめ、英語のプレゼンだろうか。それを駆使すれば、とりもなおさず知的であるとみなす「知識人」がおびただしい。それぞれ明治の「支那通」と大正のアカデミズム・インテリにあたる。外来の難解な漢字・漢文で知性をつくりあげてきた日本人の歴史的習癖であって、かつての漢学・漢語が横文字に置き換わっただけ、知の組成・体質はいま現在も、変わっていない。おそらく東洋学・中国学にとどまらず、また文系・理系を問わず、あらゆる分野でまったく同断であろう。

そこから起こる通弊は、理論と事実、概念と対象との乖離である。理論・概念をよくのみこまないまま、現実の対象にあてはめる、あるいは、事象をじっくりと見ないまま、概念を貼り付けて理論化してしまう。戦前と戦後の連続もみたとおり。少なくとも中国社会へのまなざしは、そういってよい。


日本人は、物事をその儘の形で見る、ものを熟視するということにはよほど疎なのではないかと考えます。一つのものを熟視せずして、すぐ結論を下したがる。すぐ法則を立てたがる。それは必ずしも魯迅の笑う支那通ばかりではありません。一般に法則を立てるのに熱心な結果、法則のもとになるべき一つ一つのもの、それを熟視するという態度には冷淡であると思います。(「支那人の日本観と日本人の支那観」『支那人の古典とその生活』)

一九四四年、稀代の中国学者・吉川幸次郎(一九〇四〜一九八〇)の言である。

吉川だけではない。心ある知識人は、少なからず憂慮した。たとえば、中国人を「不可解の民族」だと畏怖し、「その不可解なることを了解」せずに、「単純な一片の理窟を振りかざして」はならぬと戒めた(「不可解の支那民族」『文藝春秋』昭和十三年一月号)のは織田萬《よろず》(一八六八〜一九四五)。京都帝大教授・フランス行政法の専門家で、ハーグ国際司法裁判所の首席判事もつとめた人物である。かれはかつて『清国行政法』を編纂し、加藤繁を指導したほど、中国にも精通していた。その言なればこそ、いわゆる「不可解」には、千鈞の重みを感じなくてはならない。

中国という対象は、きわめて難解なのである。日本人はそんな隣人と未来永劫つきあっていかなくてはならない。かつて「単純な一片の理窟を振りかざし」た結末は、周知の侵略と破局だった。それでも「友好」「反日」「嫌中」……、なお御題目とレッテル貼りで騒いでいるのが、遺憾ながら現状である。

中国とその社会、そのしくみと動きを、借り物の思想・概念で断ずるのではなく、自分の目でじっくり、しっかりみつめてゆくこと。近代の不幸な関係のなか、中国をみつめてきた先人の経験は、まずはただ、それだけに取り組み、それだけを成し遂げるよう、われわれに託しているように思えてならない。

文献案内

それにしても、引用の多い書物となってしまった。

小著は中国社会に対する先人のまなざしを跡づけてきたものであるから、引用の多くなったのは、やむをえない仕儀ではある。とはいっても、本文で文献までくわしく論じるのは、筆者にも読者にもいささかわずらわしく、必要最小限にとどめた。

しかしもとの論著を見たい、あるいは見なくてはならぬ向きもあるだろうし、関連文献に関心をもたれることもあろう。そのため、以下にあらためて、各章ごと、ややくわしい書誌もふくめた情報を示しておきたい。

第一章

石橋湛山については、おおむね『石橋湛山全集』全十五巻（石橋湛山全集編纂委員会編、東洋経済新報社、一九七〇〜七二年。二〇一〇〜一一年の復刻では、『湛山回想』を収録する第一五巻の補訂版、および補巻の第一六巻を含む）より引いている。表記もそれにしたがった。ただし『石橋湛山評論集』（松尾尊兊編、岩波文庫、一九八四年）に収めるものは、参照の便のため、そちらを注記してある。第一章では初出以外、それぞれ簡略に『全集』『評論集』と略記した。『湛山回想』は岩波文庫版（一九八五年）

もある。

石橋湛山に関連する著述はおびただしい。思いつくものを数え上げるだけで、すぐ十指に余る。オンラインですぐ検索できるので、列挙はいっさい省略にしたがう。

しかし共通して、その中国観に関しては、なお立ち入った分析、考察がない。小著はそのささやかな試みであった。

関連して論及した吉野作造については、吉野作造著／松尾尊兊編『中国・朝鮮論』（平凡社東洋文庫、一九七〇年）が至便であり、本文もここからの引用になる。吉野作造の関連文献についても、石橋に劣らぬ著名人だから、まったく同様、いっさい省略したい。

第二章

矢野仁一の学術書については、本文中に列挙したとおりながら、そちらからの引用はほとんどない。くりかえし引いたのは、「満洲国」関連の著作のほか、かれの時事評論をまとめた以下の書物からのものである。

『近代支那論』弘文堂書房、一九二三年

『現代支那概論——動かざる支那』目黒書店、一九三六年

『現代支那概論——動く支那』目黒書店、一九三六年

後二者は姉妹編で正題が同じなので、副題を示した。

あとしばしば引用したのは、私家版の自叙伝『燕洛間記——歴史遍歴六十年の回顧』からである。

これは記憶による叙述が散見するので、使うにあたっては、事実関係の詳細に注意しなくてはならない。

本文中でも紹介したとおり、矢野仁一に対しては、門弟の宮崎市定に関連の文章がある。もちろん後述する『宮崎市定全集』にすべて収録するけれども、引用した「矢野博士の追憶」は、宮崎市定『中国に学ぶ』(中公文庫、一九八六年)にも収める。

第三章

内藤湖南にはもちろん『内藤湖南全集』全十四巻(筑摩書房、一九六九~七六年)があるけれども、なお人気の高い湖南なので、親しみやすい文庫・新書などが多い。

とりわけ『東洋文化史』(礪波護編、中公クラシックス、二〇〇四年)がその精粋を集めていて至便であり、今回もここから多くを引いた。蛇足ながら、「応仁の乱について」は、『日本文化史研究(下)』(講談社学術文庫、一九七六年)にも収録し、なお富永仲基・山片蟠桃についての文章は、『先哲の学問』(ちくま学芸文庫、二〇一二年)にも収める。

湖南の処女作『近世文学史論』は、全集第一巻に収める。

『支那史学史』はわが中国学界では、不朽の名著として知られる著作である。全集第一一巻に収めるが、平凡社東洋文庫から二分冊(一九九二年)で出ており、索引も完備している。もっとも、現代からすれば、必ずしも読みやすい書物とはいえないかもしれない。

湖南と並んで東洋史学を草創した桑原隲蔵には、本文でも紹介したように、『桑原隲蔵全集』全六巻（岩波書店、一九六八年、新版一九八七〜八八年）がある。那珂通世については、さすがに著述が古いので、さしあたり窪寺紘一『東洋学事始――那珂通世とその時代』（平凡社、二〇〇九年）から入るのが便利である。

本文にも言及したとおり、現在にいたるまで、国内外を問わず、内藤湖南研究はおびただしい。早期の代表的なものが、引用したJ・A・フォーゲル著／井上裕正訳『内藤湖南――ポリティックスとシノロジー』（平凡社、一九八九年。原著Joshua A. Fogel, *Politics and Sinology: the Case of Naitō Konan (1866-1934)*, Cambridge, Mass., etc.: Harvard University Press, 1984）である。もっとも、関連の著述は、谷川道雄が中心となっていた内藤湖南研究会を除けば、小著の論旨に関わってくるものがほとんどないため、おおむね割愛した。

ひとつだけ、小著第二章・第三章のもとになった連載論文をとりあげ批評する、萩原稔「五・四運動以後の日本知識人の中国認識――矢野仁一と内藤湖南」（萩原稔／伊藤信哉編著『近代日本の対外認識Ⅱ』彩流社、二〇一七年、所収）のみ、参考のためあげておく。もっともその所論を承け、小著で論旨を改める必要は認めなかった。

第四章

橘樸については、全三巻の『橘樸著作集』（勁草書房、一九六六年）があるけれども、表記の変更で少なからず原文の趣を損なっているので、一部の例外を除き、引用はさしひかえた。収録する文章もかなり偏っているので、これだけでは、橘の全貌ははかりがたい。全集をつくりなおすのが至当であろう。

引用した橘の文章の多くは、『支那思想研究』（日本評論社、一九三六年）に収めたものを引いた。『職域奉公論』（日本評論社、一九四二年）からの引用もある。

「ギルド」については、まずモース。
H. B. Morse, *The Gilds of China, with an Account of the Gild Merchant or Co-hong of Canton,* London, etc.: Longmans, Green & Co., 1909
その邦訳書に、増井経夫訳『支那ギルド論』（生活社、一九三九年）がある。言及した橘の訳業との関係は、未詳である。

モースはアメリカの中国近代史研究の鼻祖というべき人物ながら、日本では歴史学界もふくめ、ほとんど知られるところがない。その評伝として、以下のみあげておく。

John King Fairbank, Martha Henderson Coolidge, and Richard J. Smith. *H. B. Morse, Customs Commissioner and Historian of China,* Lexington: University Press of Kentucky, 1995.

根岸佶については、最近『根岸佶著作集』全五巻（三好章編・解説、不二出版、二〇一五〜一七年）が出て、かねて入手の難しかった著述も、容易にみられるようになった。本文に言及した著作は、もちろんすべて収録する。

仁井田陞には、言及した『中国の社会とギルド』（岩波書店、一九五一年）のほか、収集した「ギルド」資料の集成たる『仁井田陞博士輯北京工商ギルド資料集』（既刊六冊、佐伯有一・田仲一成ほか編註、東京大学東洋文化研究所附属東洋学文献センター、一九七五〜八三年）がある。

今堀誠二の著作は『中国封建社会の機構』（日本学術振興会、一九五五年）・『中国封建社会の構造』（日本学術振興会、一九七八年）・『中国封建社会の構成』（勁草書房、一九九一年）の三部作が代表的である。いずれも浩瀚な巨帙で、資料集も兼ねる。近づきにくい向きには、さしあたり「中国におけるギルドマーチャントの構造」（仁井田陞編『近代中国の社会と経済』刀江書院、一九五一年、所収）という論文からはじめるのがよい。

第五章

まず言及した「農村慣行調査」の報告と論争、それをめぐる研究である。

東亜研究所『支那農村慣行調査報告書』一輯、東亜研究所、一九四三年

旗田巍『中国村落と共同体理論』岩波書店、一九七三年

われわれにとっては、旗田の研究が精細で、また時代をあらわしており、とてもおもしろい。内山雅生『現代中国農村と「共同体」——転換期中国華北農村における社会構造と農民』（御茶の水書房、二〇〇三年）をはじめ、すでに心ある研究者がその再検討をはじめており、中国社会を考えるうえで、あらためて重要な論点を提示してくれる。

その一端については、さしあたって吉澤誠一郎「社会史」（岡本隆司・吉澤誠一郎編『近代中国研究入門』東京大学出版会、二〇一二年、所収）がガイドとなるだろう。

次に加藤・柏・村松の著述に関しては、本文に附け加えることは少ない。その書誌のみ記しておく。

加藤繁『支那経済史考証』全二巻、東洋文庫、一九五二・五三年
加藤繁『支那経済史概説』弘文堂書房、一九四四年
加藤繁著／榎一雄編『中国経済史の開拓』櫻菊書院、一九四八年
柏祐賢『経済秩序個性論――中国経済の研究』第二分冊、人文書林、一九四八年。『柏祐賢著作集 4』京都産業大学出版会、一九八六年に再録。
村松祐次『中国経済の社会態制』東洋経済新報社、一九四九年（復刊版一九七五年）

戦後の時代区分論争の口火を切った前田直典の論文は、原題「東アジヤにおける古代の終末」で『歴史』一―四に掲載されたものだが、ここでは、鈴木俊・西嶋定生編『中国史の時代区分』（東京大学出版会、一九五七年）に再録されたものを引いている。また、前田直典『元朝史の研究』（東京大学出版会、一九七三年）にも収める。

宮崎市定の著述は、四半世紀前に完結した『宮崎市定全集』全二十五巻（岩波書店、一九九一～九四年）に網羅する。ただ宮崎の作品はその前後に、くりかえし文庫版など、手軽な判型で出ているので、そのあたりを追記しておく。

『東洋的近世』は同じタイトルで中公文庫（一九九九年）に収める。引用した「宋代以後の土地所有形体」という論文も、同書に再録する。『九品官人法の研究』もやはり中公文庫に収めており（一九九七年）、むしろこの文庫版が決定版である。

時代区分論争にかかわる宮崎の二論文「宋代以後の土地所有形体」「部曲から佃戸へ――唐宋間社会変革の一面」は、ともに『宮崎市定全集 11 宋元』（岩波書店、一九九二年）に収録する。

仁井田陞のおびただしい論考は、ほぼ『中国法制史研究』全四冊（東京大学出版会、補訂版一九八〇年）に収める。宮崎市定との論争はその第三冊、『中国法制史研究　奴隷農奴法・家族村落法』（原版一九六二年）から引いた。

岸本美緒の時代区分論については、おおむね『地域社会論再考　明清史論集2』（研文出版、二〇一二年）所収の論文からうかがうことができ、現代ではまずここから入るべき必読の文献である。やはり引用した「モラル・エコノミー論と中国社会研究」（岸本美緒『清代中国の物価と経済変動』研文出版、一九九七年、所収）は、それに先行する文章ながら、同じく看過できない。

島田虔次「序論」（同ほか編『アジア歴史研究入門　1　中国Ⅰ』同朋舎出版、一九八三年、所収）は三十年以上も前の古い文章で、また小著では谷川との関わりで引いたのみながら、それだけにとどまる内容ではない。後述の島田のエッセイ集と合わせ、歴史・思想であるかどうかを問わず、中国研究に志す者、いな中国に関心のある者は、必ず読むべき文章である。

さて、小著の主役のひとり、谷川道雄の時代区分論争に関わる文章は、『中国中世社会と共同体』（国書刊行会、一九七六年）・『中国中世の探求――歴史と人間』（日本エディタースクール出版部、一九八七年）に収める。時期的な前後のほか、前者が専門学術的、後者が比較的平易で一般的、という区別があり、小著でも後者の引用をやや多くした。

谷川には、ほかに六朝史研究の専門論文を集めた『隋唐帝国形成史論』（筑摩書房、一九七一年、増補版一九九八年）があって、もちろん本書の論旨と密接に関わる。また最近に出た、以上三作に未収録の論文を集成した『谷川道雄中国史論集』上下二巻（汲古書院、二〇一七年）からも引用を補った。

ほかに引いた著述としては、
谷川道雄・堀敏一・池田温・菊池英夫・佐竹靖彦編『魏晋南北朝隋唐時代史の基本問題』中国史学の基本問題2、汲古書院、一九九七年
中国中世史研究会編『中国中世史研究　続編』京都大学学術出版会、一九九五年（引用した「まえがき」は愛宕元・氣賀澤保規・東晋次の執筆）

がある。

「むすび」で引いたのは、島田虔次『中国の伝統思想』（みすず書房、二〇〇一年）と吉川幸次郎『支那人の古典とその生活』（岩波書店、一九四四年、改版一九六四年）。前者はエッセイ集・後者は講演録というちがいはあるけれども、いずれも東洋学・中国学の大家・碩学の親しみやすい文章をあつめた書物。示唆に富む章句に溢れている。

そのほか、近代日本の中国論といえば、「アジア主義」に関わる議論など、おびただしく存在するけれども、竹内好に典型的なように、多くは中国社会に対する視座と洞察を欠いているので、ここで言及するに及ばない。

ひとつだけ、馬場公彦『戦後日本人の中国像――日本敗戦から文化大革命・日中復交まで』（新曜社、二〇一〇年）をあげておこう。辞書・事典代わりにもなる便利な書物である。

あとがき

小著は講談社のPR誌『本』で、二〇一四年九月号から十六回にわたり連載した駄文「近代日本がみつめた中国」をまとめたものである。成書にあたって、時事関連の記述を現時に合うようにするなど、若干の補訂を施した。

しかしずいぶん時間が経ってしまった。連載の開始は奇しくも、劇作家・平田オリザさんの「下り坂をそろそろと下る」と同じ号、終わったのもちょうど同じ号である。ところが平田さんの連載は、まもなくまとまって講談社現代新書で刊行、たちまちベストセラーになった。

もちろん筆力もニーズもちがう。だがその桁違いの格差には、おこがましいとは知りつつ、やはり愕然《がくぜん》とせざるをえない。自らの力不足をかこつしかなかった。

そうはいっても、駄文がまったく無視されていたわけではない。一部に奇特な読者がおいでのようで、それは救いであった。

国内ばかりではない。しばらくお休みをもらって韓国に滞在した折、諸処の大学・研究会で、ぜひその話を、とくりかえし懇請されたのには、やや驚きながらも、とてもうれしかった。日本の学界・言論界が、黙殺をもって遇したのとは、まさしく対蹠《たいせき》的である。

平田さんとの格差は、著者の能力を別にすれば、おそらくこうしたところに理由があるのだろう。そこにも日本人のアジア観、アジアに対する姿勢の特質があるのでは、と思ってみたりした。しょせんは独り善がり、見たいものしか見ようとしないのである。だとすれば、小著をあらためて世に問うのも、あながち無意味ではあるまい。

小著のもとになった連載は、そもそも日本人の中国観のありようを考えてみたい、という年来の素志に由来する。兼ねて自身の著述や学問の源流がどこにあるのかも、ひそかにさぐってみた。いわば自分のルーツ探しでもあって、『本』を編集しておられた上田哲之さんから、お声がけいただいたのを機会に、執筆をこころみたものである。

しかし上田さんも奇特なお方、同憂の思いをいだいておられたのか、世人が相手にしない書き手と文章を、ことのほか大切にしてくださった。雑誌から離れ、講談社学芸クリエイトに移られたあとも、連載の完結はおろか、小著の編集・上梓までおつきあいいただいては、知己の恩というほかない。

そのおかげで形になった筆者の自儘《じまま》に共鳴し、小著を繙いてくださる読者諸賢は、いよいよ奇特な向きだろう。満腔の謝意をささげたい。

二〇一八年五月

岡本隆司

内藤湖南
橘樸
加藤繁
旗田巍
仁井田陞
宮崎市定
谷川道雄
1866
1934
1881
1880
1908
1904
1901
1925

関連年表

		石橋湛山	矢野仁一
1853	日米和親条約		
1858	天津条約（中国）・安政五ヵ国条約（日本）		
1868	明治維新		
1871	日清修好条規		1872
1874	台湾出兵		
1876	江華島条約（日朝修好条規）		
1879	「琉球処分」		
1882	壬午軍乱		
1884	甲申政変	1884	
1885	日清天津条約		
1894	日清戦争		
1895	下関条約。三国干渉		
1896	露清密約。東清鉄道建設		
1898	ドイツ膠州湾租借。ロシア関東州租借 戊戌変法。戊戌政変		
1900	義和団事変		
1901	北京議定書		
1902	日英同盟		
1904	日露戦争		
1905	ポーツマス条約。日本、満洲利権獲得		
1908	「憲法大綱」		
1911	辛亥革命		
1912	中華民国成立		
1913	袁世凱、中華民国大総統就任。第二革命		
1914	第一次世界大戦勃発 日本、対独宣戦、青島占領		
1915	二十一ヵ条要求。袁世凱の帝制運動		
1916	第三革命		
1917	中国、大戦参戦		
1919	パリ講和会議。五・四運動		
1921	ワシントン会議。中国共産党結成		
1924	国共合作		
1925	孫文死去。五・三〇事件		
1926	国民革命軍、北伐開始		
1927	蔣介石、南京国民政府設立		
1928	日本、山東出兵。済南事件 国民革命軍、北京占領。張作霖爆殺		
1929	世界大恐慌		
1931	満洲事変		
1932	リットン調査団。「満洲国」建国		
1933	日本、国際連盟脱退。日本資本主義論争		
1934	中国共産党、長征		
1935	中国共産党、八・一宣言		

内藤湖南	橘樸	加藤繁	旗田巍	仁井田陞	宮崎市定	谷川道雄
	1945	1946	1994	1966	1995	2013

		石橋湛山	矢野仁一
1936	西安事件		
1937	盧溝橋事件。上海事変。第二次国共合作		
	日本軍、南京占領。国民政府、重慶遷都		
1940	南京に汪兆銘政権。華北農村慣行調査		
1941	日米戦争開始		
1943	カイロ会談		
1945	日本、ポツダム宣言受諾。国共内戦		
1949	中華人民共和国建国		
1950	朝鮮戦争		
1956	百花斉放・百家争鳴		
1958	大躍進		
1966	文化大革命		
1972	日中国交正常化	1973	1970
1976	毛沢東死去、四人組逮捕		
1978	改革開放		
1989	天安門事件		
1992	南巡講話		
2005	反日デモ		
2012	尖閣諸島国有化		

人名索引

岡本隆司（おかもと・たかし）

一九六五年生まれ。京都大学大学院文学研究科博士課程満期退学。現在、京都府立大学教授。専攻は、近代アジア史。

主な著書に『近代中国と海関』（名古屋大学出版会、大平正芳記念賞）、『属国と自主のあいだ』（名古屋大学出版会、サントリー学芸賞）、『中国の誕生』（名古屋大学出版会、アジア・太平洋賞特別賞・樫山純三賞）、『世界のなかの日清韓関係史』『中国「反日」の源流』（いずれも講談社選書メチエ）、『清朝の興亡と中華のゆくえ』（叢書「東アジアの近現代史」第1巻　講談社）、『李鴻章』『袁世凱』（いずれも岩波新書）など多数。

近《きん》代《だい》日《に》本《ほん》の中《ちゅう》国《ごく》観《かん》

石橋湛山《いしばしたんざん》・内藤湖南《ないとうこなん》から谷川道雄《たにがわみちお》まで

二〇一八年　七月一〇日　第一刷発行
二〇二二年一二月　一日　第二刷発行

著者　岡本隆司《おかもとたかし》

発行者　鈴木章一

発行所　株式会社講談社
東京都文京区音羽二丁目一二―二一　〒一一二―八〇〇一
電話（編集）〇三―三九四五―四九六三
（販売）〇三―五三九五―四四一五
（業務）〇三―五三九五―三六一五

装幀者　奥定泰之

本文データ制作　講談社デジタル製作

本文印刷　信毎書籍印刷株式会社

カバー・表紙印刷　半七写真印刷工業株式会社

製本所　大口製本印刷株式会社

KODANSHA

ISBN978-4-06-512352-2　Printed in Japan　N.D.C.220　229p　19cm

講談社選書メチエ　刊行の辞

書物からまったく離れて生きるのはむずかしいことです。百年ばかり昔、アンドレ・ジッドは自分にむかって「すべての書物を捨てるべし」と命じながら、パリからアフリカへ旅立ちました。旅の荷は軽くなかったようです。ひそかに書物をたずさえていたからでした。ジッドのように意地を張らず、書物とともに世界を旅して、いらなくなったら捨てていけばいいのではないでしょうか。

現代は、星の数ほどにも本の書き手が見あたります。読み手と書き手がこれほど近づきあっている時代はありません。きのうの読者が、一夜あければ著者となって、あらたな読者にめぐりあう。その読者のなかから、またあらたな著者が生まれるのです。この循環の過程で読書の質も変わっていきます。人は書き手になることで熟練の読み手になるものです。

選書メチエはこのような時代にふさわしい書物の刊行をめざしています。

フランス語でメチエは、経験によって身につく技術のことをいいます。道具を駆使しておこなう仕事のことでもあります。また、生活と直接に結びついた専門的な技能を指すこともあります。

いま地球の環境はますます複雑な変化を見せ、予測困難な状況が刻々あらわれています。

そのなかで、読者それぞれの「メチエ」を活かす一助として、本選書が役立つことを願っています。

一九九四年二月　野間佐和子